誰的人生沒有挫折

即便陷於不幸，也能再度獲得幸福

心の免疫力

「先の見えない不安」に立ち向かう

加藤諦三 —— 著　楊鈺儀 —— 譯

序章
心靈疾病也在蔓延的「新冠肺炎時代」

這次的新冠肺炎讓全世界人都陷入了不安。

許多人不論是在日常生活還是工作中都直接面臨到未曾有過的事態，處在「不知道該怎麼辦」的心裡狀態下。

這也很正常。因為這是全世界上沒有一個人經歷過的事態。

而且我們不知道是否能克服這個傳染病，也不知道要持續到什麼時候。所以不安總是揮之不去。

我當然也沒經歷過這樣的事態。

當我知道了這事態，我想著：「雖然因病毒導致的傳染病很嚴重，但隨之而來的社會不安，以及因此而急速增加的心靈疾病也同樣令人擔心。」

剛好在那時候，我有機會在電視上發表評論，我除了告訴大家這件事，也在自己的網頁上寫下補充事項。

首先，我想在這裡登載那篇文章。

新型冠狀病毒所導致的「心靈崩壞」嚴重化（二〇二〇年四月十九日）

今天，我接受了ＴＢＳ電視台《SUNDAY MORNING》（サンデーモーニング）的採訪。

內容非常重要，所以以下我要補充說明。

人們與媒體都很關心如何解決新型冠狀病毒的問題，以及如何避免受到影響。

在解決緊急的新冠問題時，也同樣在討論該如何回復經濟上的不景氣。

政府每天同樣持續在說要進行雷曼兄弟迷你債券事件等級以上的景氣對策。所有人都認為該怎麼解決這些緊急的課題很重要。

可是嚴重的不只是回復經濟上的不景氣。

應該沒有人認為在面對該如何解決不景氣這個問題時，一邊舉出雷曼兄弟迷你債券事件為例，一邊討論是不重要的吧？可是卻沒有人注意到極為重要，而且極為嚴重，加之極為長期的問題。

那就是隨著這些問題之後而來的「心理崩壞」。

就像小學生在用餐時會豎起隔板一樣，人與人的接觸變少了，十年之後會出現什麼樣的現象呢？這個問題沒人在討論。報導只有要這樣做、會變成那樣的現象相關報導。

更重要的是，大家根本沒注意到這件事影響的重大性。

小學生的年齡正是在透過學習與人接觸以培養溝通能力的時候。

雖然大家有討論到各種的影響，但與經濟不景氣的問題等相比，大家卻沒有討論到「心理崩壞」問題的本質。

在今後日本危機的問題中，察覺到這個危機的順序是最慢的。任誰都無法否定，與人的接觸減少了八成這件事是很重要的，但對小學生所造成的心理傷害，在十年後、二十年後會出現怎樣嚴重的影響呢？

在談論家暴、新冠離婚前，或在解決新冠問題以前，心理上的危機就出現了。

在公司裡有職權騷擾、過勞死問題；家庭中家暴、道德騷擾、虐兒的問題增加了；在學校有霸凌、不上學的問題等；在社會上則有賭博上癮、酒精上癮等上癮症問題。

這些問題在現今這個階段，已經成為了社會問題。也就是說，是停留在了屬於社會問題的層面上。

今後若沒有察覺到將面臨問題的嚴重性，只關心經濟上的不景氣，社會上的糾葛就會成為社會之外的人際間糾葛。

也就是說，「喪失共通感」必然會成為社會作為社會而成立的根本原因。

具體來說，「為什麼非得要殺人不可呢？」這樣的犯罪會增加。如小說情節的犯罪會增加。

一般認為，性格會經歷一定階段後達至成熟。人格缺陷的各種類型，起因為在某階段停止了成長。

為了解決新冠問題，自我約束與必要同伴間的接觸、小學生們失去了用餐時與他人溝通的機會，這些都會成為人格發展停止的起因。

人際關係的挫折、溝通間的糾葛已經成為了現今社會嚴重的問題。孤立的人會在無意識間有著想與他人締結明確關係的欲求與願望。

以不安的雙親為例，他們會強制孩子順從自己，毀滅孩子的心靈。因此，若雙親性格本就具攻擊性時，情況會相當嚴重。雙親會透過攻擊幼兒、孩子，來調整自身心靈不安的情緒。雙親會使用敵意與攻擊來作為迴避自身不安心理的一個方法。

就如羅洛・梅（Rollo May）所說，如果我們只讓他人遵從自己的意思來作為緩和不安的方法，卻沒有擺脫不安、獲得救贖，在本質上難免會有攻擊性。

若孩子無法照自己的意思行事，自己就會不安。而從那分不安中所做出的反應，就是充滿敵意的攻擊性。因為雙親很不安，孩子些微的言行舉止都會覺得是在拒絕自己而感到不安，會做出有敵意的攻擊性這種反應。因為「打敗」對方而獲得的安心感只是暫時的。因此，為了能永保安心，就一定要一直攻擊對方。

即便是進行攻擊，心底同時也在渴求與對方有連結，在攻擊的背後是在渴求安心。這樣的攻擊特徵是，即便是一些瑣碎的事情也會發起攻擊。

不安、自卑感、敵意會深深相連結在一起，並形成該人的性格。

從孩子這方來說，除了會擁有上癮、過於不可靠的情感，也會感到不滿，無意識中對自己依賴的人帶有過度的敵意情感。在那之中，於現代的競爭文化下就會產生出敵意，而消費社會的文化則會讓人們更加自我異化*。

這些各種各樣的因素會產生出更多的不安來。

同時，在ＴＢＳ電視台《SUNDAY MORNING》的新年特別節目中，也談到了現代世界的「幼兒化」，再看一下這次日本政府的新冠對策，簡直就是日本的幼兒化表面化了。

最嚴重的就是自我陶醉。

會順著自我陶醉來解釋現實。只要感染者人數稍微少了一點，心情上就會緩和地覺得：「應該沒問題了。」

也就是說，是遵循著自我陶醉的願望來解釋現實。

做出對自己來說有利的解釋，依循著該解釋來採取政策，同時做出「專家的意見」來合理化解釋。有心理問題的人提出的意見是很有力量的。

自我實現的人一旦做出優秀的現實解釋，就是馬斯洛所說，自我異化者的現實解釋不能解決現實中的不安狀況。

針對不安的建設性應對方式就是溝通，但現今的日本卻做不到這點。

日本如今正陷在自蒙古來襲以來的最大危機中。

＊譯註：自我異化，指在創傷中會覺得自己好像變成另一個人，認定周遭的人都不再理解自己，覺得沒有歸屬感，並拉開與人的距離。

雖想解決緊急的課題，且作為解決緊急課題的做法是對的，但卻會促使十年、二十年後人們心理崩潰這一嚴重問題的發生。

就像黑格爾的哲學理論說，歷史上的難處就是兩件正確的事情間互有矛盾*1。現今日本正面臨到這個問題，但似乎沒有政治家以及財經界的領袖察覺到這件事。最重要的問題是，雖然大家都呼籲要重視經濟上的危機，卻沒有察覺到心理危機正被迅速催化中。

我將這篇文章放上網頁後，社會狀況更為嚴重了。可以說，因為忍受不了「看不見未來的不安」而導致的心理上人格崩潰已經出現了。

不論是關於病毒的擴散，還是圍繞著自身的經濟走向，若長期置身於不可捉摸的不安下，不論是誰，總有一天都會被壓力擊垮。

不久，日本將變得更需要抗憂鬱的藥或是抗不安的藥也一點都不奇怪。

這是因為，對一般人來說，沒有比毫無應對方法地面臨到「不知道該怎麼辦才好」的事態更不安與恐怖的了。

在迷惑著「該怎麼辦」時，一般人都會輸給不安吧。

我認為，能從接下來「新冠時代」生存下來的人，擁有一個不可或缺的力量，就是被稱為「心理韌性」（心理彈性）的東西。

「心理韌性」就是「心靈免疫力」。我認為就是「不論在多嚴苛的狀況下都不會感到絕望，能重新站起來的力量」。

例如有人即便成長於不斷受到雙親暴力相向的可悲環境中，也擁有讓人感覺不出來有那樣經歷的開朗性格。

像這樣的人為什麼不會變成畏畏縮縮的人呢？

希金斯[*2]說：「他們和『一般人』關注的問題意識不一樣，而且有決心要讓

*1 譯註：即「二律背反」，這種哲學概念意指，對同一個對象或問題所做出的兩種理論或學說雖各自成立，卻也相互矛盾、衝突。

*2 譯註：愛德華・托里・希金斯（Edward Tory Higgins），加拿大心理學家。

『自己過上美好人生』。」

他們面對人生的方式是不一樣的。

身為日本人的我們，若想要讓接下來的時代變美好，最好是學會「心理韌性」，好好面對現在與未來。

這本書是為了能成為「擁有心理韌性的人」而寫，內容包含了生活方式和思考方式。

關於心理韌性，在現階段並沒有一個正確的定義，但在《能從所有事中重新站起來的人》（暫譯。どんなことからも立ち直れる人，PHP新書）中，有對心理韌性的說明。請各位務必連同這本書一起閱讀。此外，我之後預定在日本PHP研究所出版關於不安的書中，也會談到心理韌性。

目次 Contents

序章 心靈疾病也在蔓延的「新冠肺炎時代」

1 面對任何現實都能勇往直前

2 不想成為「好人」「厲害的人」

3 戰鬥之心所帶來的東西

4 即便不幸，也能再度獲得幸福

5 下定決心開創美好人生

終章 在新冠肺炎時代活下來的支柱——心理韌性

1 面對任何現實都能勇往直前

◆為什麼母親會被兒子打呢？

有一位五十歲的母親來找我諮商。她和丈夫育有兩名十八歲和十五歲的兒子。她來找我諮商的問題是關於這個十五歲國中三年級兒子會做出家暴行為。

兒子說：「我沒有自由。」但是他也有參加課外活動，看起來也很開心。

母親認為，若是兒子覺得「沒有自由」，那不參加課外活動也可以。母親一說：「可以取消家教課。」兒子就說他要繼續。

上星期，這個兒子對母親做出了很過分的暴力行為。他毆打、踢踹、扯著母親的頭髮甩開母親。母親因而對這名兒子心懷恐懼。

之後兒子回到了自己的房間。拒絕任何不想看到、不想聽到的事。對母親而言，只會覺得兒子這是在逃避現實。

旁人說：「您家的兒子是個個性很沉穩的孩子呢。」「和他說話感覺就被療癒了。」甚至還說：「是不是妳做錯了什麼？」

母親覺得難為情、後悔、悲傷、恐懼。

母親讓兒子看了他使用暴力後留下的淤青與傷痕。

兒子說：「我才不管這些咧。我什麼都沒想。一點都沒感覺。父母什麼的，隨便怎樣都無所謂。」

這位母親不知道該如何是好。只要跟兒子說話，兒子就會回她：「吵死了！

煩死了！」

母親一和兒子說話，他就會生氣。

兒子因自己心靈的矛盾而感到痛苦。兒子成績不好，總想著「該怎麼辦呢？」

他在國中三年間都一直這麼想著。

母親則會嘆息的說：「兒子的成績真的不好啊。」

而兒子正是害怕聽到這些話。

兒子在情感上是正在求助的。正叫著：「幫幫我，我已經到極限了。」

暴力是一種防衛。又打又踢的行為，是兒子的情感表現。

◆總之就是想逃的「焦慮心理」

焦慮的人會想逃跑。

想逃的原因就藏在其中。焦慮的人中有著想逃的人。

眼前有令人擔心的事。

終於放輕鬆時的短暫瞬間，結果又來了……。就像這樣，有人就是想逃離那樣的狀況。

這麼一來就會著急起來，想要逃離那樣的狀況。比起該做的事，會以逃離那件事為優先，這就是焦慮的心理。

對酒精上癮症的人來說，喝酒是優先於一切的；對焦慮的人而言，逃離那樣的狀況才是優先於一切的。

對當下必須去做的事不放心，所以有意識地要逃跑。

這就無法做到精神分析家溫尼考特*所說的「確實掌握環境」。

◆為什麼使用暴力的兒子會受到打擊呢？

兒子一開始使用暴力的時候，母親認為「只要勇敢面對」，之後兩人就都能振作起來。

也就是說，對母親來說，「勇敢面對」對自己暴力相向的兒子，應該就能「確實掌握住環境」。

對兒子來說，母親是個強大的存在。但那個強大的母親卻害怕兒子的暴力。母親和迄今為止的偶像並不一樣。

覺得害怕而動手毆打，結果母親卻退縮了，這對兒子而言很是震驚。因此他揪著母親的頭髮來回甩。抓住頭髮就象徵著他有激烈憎惡的情感。

＊譯註：唐諾・伍茲・溫尼考特（Donald Woods Winnicott，一八九六～一九七一年），英國兒童心理學家、精神分析學家。

以為母親是獅子，卻成了如螻蟻般的存在。自己是膽怯、恐懼於那個存在？還是害怕會被拋棄？因為這麼想著而對自己感到憤怒。

兒子當然很後悔。

若是他能確立自我就不會踢母親。可是因為兒子沒能確立自我，就踢了母親。

◆想要「兒子成績優秀」的母親

母親所害怕的，是來自於為滿足母親自身的教育。

兒子為了獲得母親認可，就必須要提升成績。

可是卻沒能提升成績。所以兒子認為母親很恐怖。

因為恐怖感，就迷失了想要的東西。沒了「自己想這樣活」的願望。

如果用「只要兒子健康活著就好」這樣的心態與兒子相處，情況就會不同了。

若是那樣，兒子的心靈就會變得富足吧。

可是母親說：「你不要忘了這個淤青是怎麼來的喔。」對怯懦的兒子來說，這樣的話是「沉重的十字架」。

兒子期望母親不要去介意那個淤青。可是實際上，母親卻是個恐懼於孩子暴力的可憐女人。

「你不要忘了這個淤青喔。」這句話，就是「你對媽媽做過這樣過分的事喔」的苛責訊息。

這會使得兒子的暴力加劇。兒子會想要消除至今的母親形象而逃跑。

他看到了至今的母親形象與實際上的母親是不一樣的，所以害怕發抖。

◆能勇敢面對眼前的現實嗎？

定期考試的成績出來後，母親看了成績，再度感到了焦慮不安。

她問兒子：「如果沒有成效，要不要停止請家教？」

其實這是來自母親的脅迫。只是母親將自己的不安感，偷換成是對家庭教師教學方法的質疑。

這時候，有心理韌性的母親會怎麼說呢？

例如她會說：「和家庭教師一起想想看能在下次拿出好成果的方法吧。」

兒子會去和家庭教師商量的吧。家庭教師也會思考一下授課內容與教法。

結果，兒子與家庭教師都一定會提升鬥志的。有心理韌性的大人就像這樣，是能提出有效方法的大人【註1】。

該怎麼做才能成為有心理韌性的母親呢？

勇敢面對兒子所面臨的現實，不要惴惴不安，不要動搖。

這就是有心理韌性的母親。有心理韌性的母親會在心中確實掌握住環境的狀況。因此要面對眼前的現實並勇往直前。

若能做到這點，孩子就能感覺到：「不論做了什麼，自己都是受到守護的。」

因此母親必須勇往直前。

這個家的問題唯有母親下定決心才能解決。這分決心就是要確實掌握住環境的狀況。能做到這點的人，就是有心理韌性的人。

◆「下定決心」這件事

若是母親說了「早安」，但孩子卻沒有回應時該怎麼辦呢？

只要對孩子說：「唉呀～好寂寞唷。」就好。最好是能將心情清楚地說出口。

重要的是，接受自己生下的孩子。若是怎麼後悔也無可奈何的現實，就不要後悔了。

認可「這就是我的孩子」。這就是「下定決心」。

這樣就能成為有心理韌性的母親。

積極地關心孩子、考慮到孩子、支持孩子，這就是「確實掌握環境狀況」。

例如孩子丟東西時，你可以躲開，但卻不能躲開孩子本身。

孩子想要確認母親「是巨象還是螞蟻」，因此會想要丟東西試試。

這時候可以抱著孩子說：「怎麼了呢？」不要說「要那樣做、要這樣做」。不要囉唆。

這麼一來，孩子就會大叫著：「好後悔！好難過！」會緊揪住胸口。

孩子在潛意識中是非常喜歡母親的，而且是喜歡得不得了。

◆有心理韌性的人‧四個特徵

有心理韌性的人有四個特徵。

①心態是proactive（積極主動）的。

②從正面看待事情。

③善於得到他人的幫助。

④有信念。

接下來我會一一說明各個特徵。

把這四個特點當成知識來累積並沒有什麼意義。要認同這些特點，把這些當成是為思考什麼是心理韌性的溫床。

例如幼年時期曾經歷過被父親傷害而躲在床下這種經驗的少年，即便是在那樣的現實狀況下，他也能克服難關，打造出有意義的人生，這是為什麼呢？他擁有的那些特長就像是為思考這個問題的切入口。

◆積極主動的心態

具有心理韌性的人，第一個特點是會積極主動解決問題【註2】。

「既然問題已經出現了，那要怎麼解決呢？」這是有心理韌性的人首先會思考的問題。這就是能積極主動克服情緒上的困難問題。

不是為讓現今的情感獲得滿足而思考解決眼前的問題。正視眼前現實不逃避。不輸給現今的重大壓力。柔軟應對發生的問題或是所處狀況。不可以用不論怎麼切都會出現相同樣式的金太郎糖*那種方式來應對。

例如不論是攸關性命的問題，還是十萬火急的問題，都應該要應對各不同性質改變對策。不要被設限在像是手冊主義或先例主義——金太郎糖——那樣的狹隘思考中。

要解決內在問題，就要守護自我價值，或是讓自我成長。面臨問題時，或是使用生存能量不讓自己受傷，或是在自我成長上使用生存能量，這麼做，會決定該人將來的幸福。

◆能正向看待事物

有心理韌性的人的第二特長就是能正向看待事物，也就是能從經驗中獲得積極的意義。

儘管是處於在情感面上頗為失望的狀況中，也有人能形成充滿希望的世界觀

＊譯註：金太郎糖的每個糖粒橫斷面都會呈現出金太郎的頭像，意指都用同一種方法來應對不同問題。

・對將來的展望。正向地看待負面的事情，能從經驗中找出積極的意義，這點很重要【註3】。

人只要活著，就會碰上一個又一個的問題，在這些經驗中，一定會有正面及負面的。

有心理韌性的人重視碰上問題時正面、積極的意義。是關注其正面還是負面意義，事態看起來會完全不一樣。

優點與缺點可以說成是硬幣的「正與反」。看反面是精神分析論，看正面就是心理韌性。

例如，在抑制自己心情類型的人之中，有時會有容易被人利用的人。可是同時，這種人就旁人看來，是容易交談的人。

只要在現實世界中有不容易交談的人與容易交談的人，容易交談的人就比較容易形成人際關係。

要說抑制型人與非抑制型人哪一種比較好，這是沒辦法下定論的。

居住在都會與居住在鄉下；年輕人與高齡者的生活。要說哪一種比較好，這也是無法定論的。

有一個詞叫做「有名稅」*。有名與無名，若要說哪一種比較好，這是很難說的。因為，那並非「正與反」的問題。

請試著想一下有孩子時的優缺點。

若有了孩子，就必須在幼兒園規定的時間內去接送小孩，時間上較不自由，所以是缺點。但同時，若有了孩子，因為要去幼兒園接送孩子，能建構工作以外的人際關係，這算是好處。

有孩子這件事是現實，是無法改變的。既然這樣，應該要注意到正面還是負面的哪一面而活會比較好呢？

同樣地，沒有孩子這件事的價值也能相對化。這就是有心理韌性的人的想法。

* 譯註：有名稅，因著名而拿出的捐獻或帶來的結果。

有煩惱的人會認為自己的煩惱是最痛苦的。為戀愛而煩惱的人，會覺得失戀是最痛苦的。

在《伊索寓言》中有一則關於鹿的故事。

那則故事是這樣的——鹿在草原的水塘中看到倒映出的自己身影。

牠一邊自豪於自己的角，一邊感嘆自己的腳很纖細：

「我的角真是非常好看啊，可是我的腳卻這麼纖細。為什麼我的腳這麼纖細呢？要是能像我頭上的角那樣好看該多好。」

那時候，鹿看到了逼近自己的獅子身影，於是以飛快的速度逃跑了。

在鹿將要被獅子抓到前，牠衝進了森林中，牠才想著：「啊～這樣就能逃開獅子了。」結果牠引以為傲的角就被樹木鉤住，最後還是被吃掉了。

簡而言之，本人以為是優點的部分不見得一定是優點，認為是缺點的部分也不是真正的缺點。

有句話說：「人無完人。」人都有擅長的領域與不擅長的領域。

為了要「從經驗中找出正向積極的意義」，判斷自己現今是處在擅長領域還是不擅長領域中是很重要的。

完美主義者很不擅長應對逆境。

精神官能症患者會關注陰暗面。憂鬱症患者也會關注自己陰暗的一面。與精神官能症患者相反的，是有心理韌性的人。

有心理韌性的人視野廣闊，有自卑感的人視野狹窄。理解事物時，視野的寬廣度很重要。

哈佛大學教授艾倫・蘭格（Ellen Langer）說過，擁有很多構想（構成概念）的人不容易憂鬱。

重點是在「從經驗中找出正向積極的意義。」

世界上有會對孩子使用暴力的雙親。可是，只要以此體驗為基礎，導出針對人生的積極意義，那個孩子就能過上正常、認真的人生。

我們可以看著雙親，想到他們是反面教師，提醒自己「不可以成為那樣的人」。不要悲嘆自己的命運：「其他孩子的雙親都很溫柔，為什麼自己的雙親卻這麼過分？」要能想著：「雙親確實教會了我人生的生存方法。」能想成是在接受「不可以成為這樣，不可以那樣生活」的教導。

這就是從經驗中找出正向積極的意義。

有心理韌性的人，當然會記得身心上的痛，但是即便如此，不論發生什麼事，也都會做出：「ＯＫ，如果是那樣……」的反應。

用積極主動去成功跨越許多情緒性的危險經驗。積極主動能克服一切。我們不是要同化困難的經驗，而是要自我調整成能做出應對。

因為擁有自我，所以能成功克服困境。

心理韌性是，在解決問題時有著柔軟性的特徵。

這不就是艾倫・蘭格所提出的「正念」嗎？

「正念」就是打造出新的範疇，不要被舊有的範疇所侷限住。有心理韌性的人有個共通性，就是會從經驗中找出積極性意義。

即便會升起深刻地情緒性失望，也能活躍地打造出有希望的世界觀【註4】。有心理韌性的人，會從辛苦的體驗中找出正向積極的意義。

也就是說，「雖然……但是……」這樣的反論性思考是關鍵。「雖然」有著艱辛的體驗，「但是」仍有充滿希望的世界觀，能從失望的體驗中找出積極性的意義。

先前提到為家暴所苦的母親若是有心理韌性的人，她會怎麼想呢？

因兒子家暴所產生的「瘀青」，就客觀想來，不會是個理想的體驗。

「雖然」兒子會施暴，「但是」或許他不會罹患憂鬱症。若沒有這個暴力舉動，兒子就會壓抑對母親的憤怒，或許就會罹患憂鬱症。託「瘀青」體驗之福，或許兒子一輩子都免於遭受心理疾病之苦。

而這個「瘀青」正是向我們表明了我們家庭的問題。若沒有在這個時間點將問題顯示出來，將來一定會出現更嚴重的事件。

要這麼想著來克服艱辛的體驗。不僅如此，還要對未來充滿光明的希望。這就是有心理韌性的人。

但在深陷憎恨的情緒中時，要那樣做也的確是很困難。具有心理韌性的人不會只想著要對自己的行動負責，也會對那個經驗的意義負責。

所謂的「任性」就是不做出相應的努力，卻想有所獲得。若使用知名精神分析學者卡倫・荷妮的話來說，就是 without adequate efforts。

「任性」的人對無法實現的事感到不滿。

即便對他們說：「若是想要某種東西，只要努力就好。」他們也會藉口說做不到。

有心理韌性的人不會說藉口、把事情合理化。一旦這麼做了，就是經受不起逆境的人。責任感就相當於不怕逆境的人的控制感。

執著性格者的義務感、責任感都是裝出來的，這點可以透過執著性格者是經受不起逆境的脆弱者得知。

本來，不怕逆境的人義務感、責任感都很強。

執著性格者的義務感、責任感卻是「為了能給人好印象，害怕別人對自己的評價不好」。是為了讓周遭的人接受自己的責任義務感。這樣的真實面貌在逆境中就會暴露出來。

放肆、以自我為中心，那就是「任性」。逃避自己的責任，就是「任性」。渴求盡可能輕鬆解決問題的人，沒有培育出心理韌性。

有心理韌性的人不會隱藏自己的過去。只要不隱藏自己的過去，像是承認「我的父親有酒精成癮症」，就能擁有自信。

若是隱瞞，就會強化「本來的自己」是沒有被愛價值的廢材這種感覺。

有心理韌性的人從小時候起，就會強化「自己不是沒有價值的人」這樣的想法與認知。

心理韌性研究家希金斯使用了「Snap back（極力反駁）」這個詞。

有心理韌性的人，在成長過程中，會極力反駁碰上的重大困難。

然後從受到的傷害中恢復【註5】。

◆能順利獲得他人的協助

有心理韌性的人的第三個特徵就是，能順利獲得他人的協助【註6】。

希金斯問有受過雙親暴力的女性說：

「回顧妳的人生，妳說曾經歷過各種苦難，而妳克服了那些苦難。妳覺得妳最大的強項在哪裡呢？」

結果她立刻回答：「獲得他人的愛。不論是阿姨還是老師，他們都讓我感受到自己的存在是有意義的【註7】。」

有心理韌性的人，在獲得他人關心與好意的能力上很優秀。

其中原因就在於他們的率直吧。坦率的人就能獲得他人的好意。

不與他人心靈相交的人難以經受逆境。因為不與他人心靈相交，所以無法湧現活下去的能量。

也就是說，自卑感或優越感很強的人，無法忍受逆境。所以以自卑感為動力，努力成為菁英的人經受不起失敗。

有擅於打造心靈羈絆的人，也有不擅長的人。有沒有能引出他人援助的能力，是決定該人能否持續成長的分界線。希金斯也寫下那很「重要」【註8】。

而且能吸引他人的能力是很決定性的主要原因【註9】。

某位大人佩服地說：「那個孩子真是努力呢。」

被這麼說的孩子有什麼特質吸引了那個大人呢？

或許是因為「雖然很冷淡，但好像有某些地方值得信任」，或是「有某些地方很純粹」，或是「還沒有被社會給汙染」等，所以有人會接受他，並且會與那個人建立關係，然後把和那個人的關係作為心靈的依靠活下去。

雖說是有心理韌性的人，但也不是超人。即便是擅於建立人際關係，也不可能全都一帆風順。問題在於，那個孩子如何掌握住了吸引大人的東西。

例如狡猾的孩子無法吸引大人的心。

有心理韌性的人有良好的人際關係。因為他們有建立良好人際關係的心態。能有效獲得旁人的好意。

所有人都會需要幫助，但能在碰上困難時獲得必要幫助的，就是有心理韌性的人。

有心理韌性的人會觀察對方，有能力分辨對方是狡猾還是溫柔的人【註10】。在碰上困難時獲得必要的幫助。人生要想活得長長久久，這個最重要。

而有心理韌性的人擅於觀察對方，也就是他們不以自我為中心。

不懂愛的人會被騙，這種事很常見，但即便不懂愛，有心理韌性的人也不會被騙。

包著尿布的孩子是還不懂愛的人。因為包尿布而導致屁股潰爛，使得他心情不佳。

對孩子來說，幫他洗澡讓、他變乾淨的人，是很討厭的人。因為傷口碰到水會很痛。

對孩子來說，放著他潰爛的屁股不管、陪著他的人是「好人」。

孩子把不面對麻煩的人想成是「好人」。可是只要孩子一哭，這個「好人」就會逃跑。

憂鬱症患者等患有心理疾病的人，討厭幫忙解決自己問題的人。因為他們不努力治癒自己，只要彼此來往時不讓自己感到痛，就會認為那個人是「好人」。因此在患有心理疾病的人周遭，只會聚集著想利用那個人的人。

患有心理疾病的人不會察覺到這件事。

不會察覺到有戴著愛的面具的虐待狂聚集過來。

沒有心理韌性的人當下會認為自己是不幸的。認為自己是出生在掃把星之下。

而且因為對今天很不滿，所以沒有明天。

可是有心理韌性的人不會對今天不滿，所以有明天。

孩提時代，人們滿心滿眼都是把一天玩好玩滿，然後就很滿足了，所以能進入到明天。

終有一天，當欲望出現，就無法滿足於今天而活。

會想要再度回到孩提時代，尋找活著的證據。

有心理韌性的人對自己很滿意。

假設只能稍微見某人一面，他們會覺得「能見面真是太好了」。這是因為他們不貪婪。

有心理韌性的人若能與戀人會面十分鐘，就會覺得「能見面真是太好了」。然後會因為見了面而回復精神。

罹患憂鬱症的人會對「只能見面十分鐘」感到不滿、氣餒。

有心理韌性的人很重視心靈。他們在某處學到了這點。

能耐受逆境的人，是滿意於自己的人。即便深處逆境，也不覺得那是逆境。

反過來說，精神官能症患者，即便不是身處逆境也覺得是逆境。因為貪婪，若不「更多」，就會不滿。

在《伊索寓言》中有一則與狗有關的故事。

一隻狗在過橋時，看到了倒映在水面上的肉並張嘴吠叫。結果，自己所咬著的肉就掉了下來。

憂鬱症患者也一樣。明明擁有很多的東西，卻說：「我什麼都沒有。」明明被很多人愛著，卻說：「沒有人愛我。」

能忍耐過逆境的人與之相反。有心理韌性的人與之相反。他們都很滿足於現在所擁有的。

有心理韌性的人租屋時會想著：「我真的可以租下這麼好的房子嗎？」

但罹患憂鬱症的人卻會不滿的想著：「我只能租到這種房子。」因此周遭不會聚集來優質的人。

有沒有能力能獲得他人的愛，在左右該人人生上是很具關鍵性的【註11】。

有些孩子莫名很吸引人。莫名引人注意的孩子與不那麼引人注意的孩子所獲得的幸福差距，是比想像中大的。

有些孩子莫名就是讓人想疼愛。那分能力就擔負了能否擁有心理韌性的關鍵。那樣的能力能支撐起接踵而來的逆境。

有心理韌性的人能獲得必要的協助，然後解決問題。靠著自己的技術、靠著容易受人喜歡、靠著打動人心的能力，以及最重要的決斷力來克服困難【註12】。

找到能幫助自己的人的能力，是能停止成長崩潰的心理韌性力之一。希金斯是這樣主張的。

建構良好人際關係的能力是預防成長崩潰心理韌性的重要部分【註13】。

有沒有親近的伙伴、能幫助自己的人，是左右人命運的關鍵。

有心理韌性的人能從逆境中獲得積極的反應。即便是處在嚴苛環境下，也能在人生各階段找出不屈服的力量。

有心理韌性的人，擅長於獲得人的好意。

彆扭的人無法在逆境中久活。因為他們沒有和任何人有心靈上的接觸。

人們會避開自我憐憫的人。

自我憐憫的人也無法獲得他人的好意，所以會哀嘆。可是這反而會讓人想避開他們。

自我憐憫是敵意的間接表現。

總之，有心理韌性的人與這種人不同，這種人想從人那裡獲得好意的方法是錯的。

在逆境中，有心理韌性的孩子才能拓展人際關係。

有能力的孩子會在同伴與同伴間建構起親近的關係。

不論是共同的伙伴、興趣、寵物還是任何其他什麼契機都可以。

希臘羅馬時代的大演說家狄摩西尼是以獲得他人稱讚為目的而活，但後來以自殺結束生命。

沒有親近的人際關係。沒有構築起親近的人際關係。

經濟上的成功、美滿的婚姻，與不幸的孩提時代沒有關連。

要解決人生的問題，身而為人的重要能力，最終就是構築親近關係、人際關係的能力。

而潛意識會透過該人的人際關係表現出來。

有心理韌性的人的第三個特徵就是獲得他人關懷的才能。

他們重視與人的心靈溝通。

是相信心靈溝通有效性的人。

不論現在是多麼榮光加身，沒有這個才能的人的人生都會每況愈下。

重視與人的心靈溝通，那樣的心態才能匯集來人們的好意。

◆擁有信念

有心理韌性的人的第四個特徵就是擁有信念。

決斷力是決定人生好壞的關鍵。

沒有決斷力的人即便去找人諮商一萬次「該怎麼做才好」都是沒有意義的。
既不是那樣，也不是這樣，只是不斷在沒完沒了的白費唇舌而已。
而成為決斷力基礎的，就是信念。
「能做到」的信念、「一定會活出美好人生」的信念、鞏固「心滿意足的人生」這個願景的信念，擁有這類信念的能力就是心理韌性的第四個特徵【註14】。
相信只要這樣活下去就一定會有好事發生。
會這麼相信的人，是相信著心靈的人。
相信現今的苦難是為了抵達幸福的過程。
有心理韌性的人會建立美好的人生願景並相信著。那樣的信仰力、那種能力是很厲害的。

就像貝多芬的信念是：「通過苦難，走向歡喜」。
就像弗蘭克與阿德勒的信念是：「痛苦會救贖人」。
若用這樣的視角來看待事物，憎恨就不會是絕望，而是希望。

即便發生了不好的事，也會因處理方式而變成好事，就像是這樣的信念。別想著人生是沒意義的，經驗雖然痛苦，但也要想著，「即便如此」，人生仍有活下去的價值。

相信在痛苦的深處藏有深層的意義。

就這樣的意義來看，心理韌性的想法是與弗蘭克相通的。

弗蘭克說：「追求意義的意志。」

「我會變幸福」這件事雖沒有任何根據，卻依舊相信著，而且是確信。然後以毅然決然的態度付諸行動。

即便現階段進行得不順利，也持續相信最終會變成那樣。

那與財產、權力無關，而是與相信著心靈而活深切相關。又或者是說，與相信著神那樣超越的存在有深切的關聯。

那類人的日常生活方式就是那樣。亦即，不是合乎常理觀念的生活方式，不是合乎常理的情感活動。

澆花時要和花說話。要一邊想著花是覺得「真好喝、真好喝」地喝水，一邊澆花。也要和爬上花的螞蟻說話。要用這樣的看法、感受方法來生活。

但理性思考的人不會有這樣的想法。

理性思考的人只相信能看見的東西。

可是有心理韌性的人，不會用合乎常理的觀點去看事物，不會以這樣的想法為基礎來生活。

有心理韌性的人不相信眼睛看得見的財力、權力、名聲，所以能忍耐逆境。不會害怕逆境。

相反地，相信財力、權力、名聲的人，對於逆境沒有承受力，所以菁英無法忍受逆境。

因為不安，就努力去獲得財力、權力、名聲，但結果卻只會擴大不安，擔心或許會失去獲得的東西。

也就是說，不論是成功獲得還是失敗了，心理上的不安都會擴大。

對逆境有很強耐受力的人會認為獲得財力、權力、名聲並沒什麼大不了。受到挫折的菁英會將自己封閉在財力、權力、名聲的殼中。認為那些東西會守護自己。

對逆境有很強耐受力的人則認為：「與他人之間的聯繫能守護自己。」

若借用心理學者阿德勒的話來說，我想就是：「社會性的情感會守護自己。」

話說回來，受到挫折的菁英，並不理解「聯繫會守護自己」這句話。

阿德勒說過：「無法解決人生的問題是因為欠缺社會性的情感。」而「難以承受逆境的人的想法」也是像這樣，是無法理解社會性情感的。

他們雖本就知道「心」這個字，但卻不能理解「心」的意思。

有人會認為「坦率是生存的武器」。這些人會重視心靈而活，是對逆境有強大耐受力的人；是不屈服於逆境的人；是能充滿活力、克服逆境的人。

有些人無法理解「坦率是生存的武器」這個想法。

他們認為，在現實的戰場上，坦率什麼的根本一點用都沒有。那些人就是重視財力、權力、名聲而活的人。是認為財力、權力、名聲才是生存武器的人。

金錢與學歷是武器的簡單想法，會被逆境的殘酷給擊倒。

說著「坦率是生存的武器」的人，是理解何為心靈的人。是會打造與人之間心靈羈絆的人。

那分心靈的羈絆在逆境中會發揮威力。坦率的人在陷入困境時，會有幫助他的人出現，會出現助他一臂之力的人。

最重要的是，會出現給予他戰鬥勇氣的人。坦率的人擁有友軍。

認為財力、權力、名聲才是生存武器的人會失去財力、權力、名聲。如此陷入困境時，周遭將空無一人。

阿德勒心理學者貝蘭・沃爾夫（Wolfe, W.Béran）表示，精神官能症不是病。那只是面對人生問題的怯懦態度。

怯懦的人無論如何都想依靠財力、權力、名聲。而正因為依賴了那些東西，才無法解決人生中的諸多問題。

認為美貌是武器的人，是難以忍受逆境的人，是沒有心理韌性的人。

認為自己黑色眼瞳散發出的光芒是武器的人，是能耐受逆境的人，也是有心理韌性的人。

有心理韌性與沒有的人之間的差異，就是努力培養阿德勒所說社會性情感的人，以及努力獲得財力、權力、名聲的人之間的差異。

即便是喝同一款飲料，有的人會認為那是藥，也有的人會認為那是毒。

藥基本上就是毒，因為一定會有副作用，所以最好是能不吃藥。

可是也是有人吃了之後治癒疾病的。

◆將雙親的不合變成「藥」的人

例如雙親不合的家庭不會對孩子的成長有所期望。這點是不可否定的。

可是能把那變成藥的人，就是有心理韌性的人。

對於自己沒有心理韌性，又或者是認為無法忍受逆境的人來說，逆境就是一個讓人反省至今為止生活方式的機會。

就算再怎麼哀嘆逆境，也無法解決任何事。

即便憎恨某人也無法解決任何事。

我們之所以無法克服眼前的逆境，問題就出在至今為止的想法與生存方式上。

因為是在不擅於面對逆境的情況下生存，所以只能積極面對這次的逆境。

無法忍耐逆境的人沒有愛人的能力。

因為這些人是重視著財力、權力、名聲而活，所以當然沒有愛人的能力。而沒有愛人的能力，就無法維持與其他人之間健全的人際關係。

現今的人際關係成了利害關係，這也是莫可奈何的。

豐富的人際關係與信念是構成心理韌性的重要要素。正因為有了那些，才能打造可以在逆境中倖存下來的心靈。

不重視心靈而重視財力、權力、名聲的生存方式，是在成就生存這種大事業上很不恰當的方法。

對於人來說，現實有內心的現實與外在世界的現實兩者。

有人的心中沒有堡壘，有人的心中則有著堡壘。

有人會受到悲慘現實的直接影響，也有人在心中有著守護自己遠離悲慘外在現實的堡壘。

有人是靠著「心靈的堡壘」在守護自己，而非靠著財力、權力、名聲等現實面的事物來守護自己。

就成長於悲慘的環境中時，有人會構築起「心靈的堡壘」。

關鍵點就出在如何在悲慘現實中存活下來的差異。

既有有著「心靈堡壘」的人，也有沒有「心靈堡壘」的人。而沒有「心靈堡壘」的人會輕易地就向現實屈服。

信仰力強的人對逆境的忍耐力也強。

碰到逆境時，信仰的力量會發揮出驚人的力量。

在逆境中，即便被人侮辱了，也會相信著「侮辱自己的人，終就會衰敗」，所以心靈的傷痕很淺。

「衰敗」的意思就是無法獲得利他主義的人際關係的意思，無法建立起利他主義式同伴關係的意思。

而且相信著「侮辱自己的人，終究會衰敗」的力量很厲害。因為是堅定地相信著一定會衰敗，這樣的信仰力就會變成排除屈辱的力量。

處在辛勞中時，或許明辨是非的能力會變活躍、發達吧。看透人的能力就會進步。

有心理韌性的人完全就是很有生存本事的。

有心理韌性的人不是死讀書的。

有心理韌性的人不論看到多有財力、權力、名聲的人，他們都會直覺地想著：「這個人不可信。」

反過來說，即便看到沒有財力、權力、名聲的人，也會下意識覺得：「這個人可以信賴。」

這種敏銳的感受就是能在逆境中存活下來的能力。在逆境中，有心理韌性的人會一邊向可以信賴的人求助，一邊重建自己被摧毀的態勢。

在這層意義上，心理韌性是與該人的價值觀有著深厚關係的。

與追求什麼而生、害怕什麼而生有很深的關係。

追求財力、權力、名聲而活的人，碰到逆境時會覺得：「我不行了。」

能耐受住逆境還是受不了，都是長年的生活方式所導致。

那是個性的問題，自碰上逆境後，即便想著：「來吧！來成為能頑強面對逆境的人吧！」也無法突然成為能耐受得住逆境的人。

深深感受到自己正身處逆境時要想著：「這是神在告訴我要改變生活方式。」

逆境是神帶來的訊息。

心理韌性是多年累積下來的生活方式。

對於避開勞苦，選擇小路、捷徑的人來說，是絕對學不來的能力。

這不是那種想順利輕鬆地活下去的狡猾生存方式，而是只有正面迎擊逆境的人才學得會的能力。

與有心理韌性的人完全相反的人，就是重視財力、權力、名聲的憂鬱症患者。這些人處在逆境時，沒有正面迎擊逆境的能量。

註釋

【註1】Gina O'Connell Higgins, *Resilient Aduts-Orercoming a Crrel Past,* Jossey-Bass Publishers Sanrancisco. 1994, p71.

【註2】“Resilient individuals are able to negotiate abundance of emotional hazardous experiences proactively rather than reactively.”同前，p28。

【註3】“Resilient people make a preponderance of positive meanings out of their experienoes.”同前，p28。

【註4】“Resilient people make a preponderance of positive meanings out of their experiences, disa ppointmentst actively a hopeful Weltanschau-ung despite the significant emotional they have encountered.”同前，

p28。

【註5】同前，p4。

【註6】“The resilient demonstrate facility recruiting other people’s invested regard.”同 前，p28。PSYCHOLOGICAL RESILIENCE AND THE CAPACITY FOR INTIMACY: HOW THE WOUNDED MI-GHT “LOVE WELL”

A Thesis Presented Regina O’Connell Higgins to The Faculty of the Graduate Sdhool Education in Partial Fulfilment of the Requrement for the degree of Doctor of Education in the Subject of Counseling and Consulting Psychology Harvard University June, 1985.

【註7】“I asked Shibvon,” Looking back on your life, you can certainly say it has a lot of darkness. Where are you the strong point of light for you? She quickdy focused on recruited love. “My aunt, My fifth-gra-de teacher. The nuns. Some of my girlfriend’s parents.She really made me feel like I mattered." Gina O'Connell Higgns Resilient Adults-Overcoming a Cruel Past,Jossey-Bass Publishers San Francisco, 1994, p39.

【註8】"Their capadty to recruit other's invested regard is crucial."同前，p73。

【註9】"The unequal capacity of students to interest others in them, and which seem to be the most powerful determinant of future thriving." 同前，p74.

【註10】"they effectively recruit other people's invested regards."同前，p20。

【註11】同前，p73。

【註12】同前，p74。

【註13】"Good recruiting capaaty is one of the linchpins of resilience in my group."同前，Higgins, Resilient Adults Overcoming a Cruel Past,

Jossey-Bass Publishers San Francisco, 1994, p74.

【註14】同前，p28。

2 不想成為「好人」「厲害的人」

◆活用擁有的東西而活

美國「天堂之門」這個禮拜團體的信仰者們，明明是為了要解決人生的各種問題，可是到最後都無法改變自己是逃避現實的精神官能症患者處境。

據說他們要從愚蠢人類不斷增多的地球，捨棄身體，只帶著靈魂，搭乘太空船出逃。

然後在一九九七年發生了集體自殺事件。
他們堅持留在地球上的人那叫自殺，而去到別的星球的他們則不是自殺。
這終究是在否定現實。
這是不自我否定，但卻逃離現實的妄想。
與「天堂之門」的人相反的，就是有心理韌性的人。

有心理韌性的人，不論現實如何，都會正面迎擊現實。
單純地來說，有心理韌性的人會把握今天。
這個銀色的世界。秋天的落葉。那抹夕陽。
能看到那幅美景的幸福。
不會忘了現今的幸運美好。
有心理韌性的人會活用所擁有的東西。

人不禁會忘記值得去做的工作。

而會去在意薪水少這件事。

但有心理韌性的人「不會忘記那件事」的價值。

以下是兩個雖然窮但有心理韌性的人的對話。

一個人說：「能這樣自由地談話，不是很棒的一件事嗎？」

能在這裡如此自由地談話。

自由的溝通有值到一兆日幣。

能自由地說出自己的想法。

別以為那是理所當然的。

這就是有心理韌性的兩個人的想法。

接下來舉一個能正面迎擊現實的例子。

這是一位四十多歲家庭主婦的例子。

她的家庭成員有丈夫與三名孩子。除此之外，還要辛苦照顧進入養護中心的娘家母親。

其中一個孩子有認知障礙。

其他的孩子雖沒有障礙，但成績不好。

她不論多麼努力，都不見什麼成果。

接著她的身體與心理都終於來到了極限，對丈夫與孩子說出了：「滾出去！」

她的家人離開了家。

她能對家人說出「滾出去」。

她並不後悔對家人說出「滾出去」這句話。

之所以「不會後悔」，是因為她並沒有從深陷的困難中逃脫。她正面迎擊了以自己力量怎樣都解決不了的困難。

這完全就是有心理韌性的人「會掌握住環境」的態度。

她無法逃離這種命運上的困難。

她所說的「滾出去」這句話，是包含了不滿與憤怒的話語。之所以會說出「滾出去」，是因為包含母親在內，她對所有人都有不滿。

在像這樣的環境中，一般人都會詛咒自己的命運。

會怨恨近親者等與自己有關的人。

即便不是普通人，而是被說成「那個人是個很堅強的人」也會哀嘆：「為什麼我的人生這麼痛苦呢？」而沉浸在悲傷中。結果自己罹患精神官能症，罹患了憂鬱症，變得無法再活下去。

她沒有「哀嘆、怨恨、詛咒」，而是正面迎擊所處的狀況。

若從理智面來看她的所作所為，或許不是最理想的。

可是這就是她的成長。

有心理韌性的人就是這樣成長的。

不論如何努力，人生都會有碰到窮途末路、無能為力的時候。生存的道路是處處碰壁，完全的走投無路。

人生中就有這種「到此為止了」的時候。

即便如此，有心理韌性的人仍會持續成長。
所謂的心理韌性不是結果也不是成果。
心理韌性是種過程，是經過（Process）【註1】。
心理韌性是時間積累後的過程。
她有感受到當下的成長過程。
這不是結束。她沒有感受到結束。
若沒有在心底感受到持續成長的自己，她就不會說「不後悔」。
人是會持續成長的。人生沒有結束。死也是成長的過程。
因為能對家人說出「滾出去」，她才能動起來。
她能想著：「我現今所有的，是『能動起來的自己』。」
若罹患了憂鬱症，就無法行動了。
人若是渴求著有「形體」的東西就會變得不幸。
若追求家人這種「形體」，她的人生就到盡頭了。
可是她有心理韌性，所以她的人生現今還沒有走投無路。

她掌握住了自己所處的嚴苛環境。

不會被束手無策的嚴苛環境所擺佈。

和住在養護中心的母親談話時，孩子的事成了話題。

結果讓她變得很是悲慘。

一和母親說話，她就進入了母親的「熔爐」中。母親很彆扭。只有滿足了自己的心，才不說別人的不幸。

但母親的心靈沒有獲得滿足。母親持續說著包含自己在內有多不幸的話題。

但因為她有心理韌性，於是從母親的「熔爐」中出來了。

還有一件事。

她不會把自己看成是「家庭的犧牲者」。

她會在自己能力範圍內為家庭努力，即使並非全都很順利。

然而她不會說：「我是家庭的犧牲者。」

她不會說著：「我是家庭的犧牲者。」然後怨恨家人、詛咒命運【註2】。

人會以某事為藉口，悲嘆自己的不幸。

例如會說：「我沒有學歷。」而怨恨著社會的不公。將自己無論如何都無法滿足的東西推託在某件事上，然後說都是因為這個原因「我才很不幸」。

其實這種人在心理層面上是很輕鬆的。因為把自己不幸的原因歸咎於「這個」上的人，在心理層面上是很輕鬆且感到很合理化的。

然後他就會忘記身邊所擁有的幸福。

有心理韌性的人知道發生的事情都有其意義。

家人離家出走也有意義。

因為有解決了一些問題。

因為昨天被唸了而很不甘心，所以今天就口出怨恨。可能明天也會那樣說吧。

沒有心理韌性的人的說話主題就是抱怨，沒有要解決的意思。

就有心理韌性的人來看，一般人是沒有要解決問題的意思的。

沒有心理韌性的人，會說各種理由、抱怨，並以此為主要著眼點，卻沒有想要去解決。

就像精神科醫生卡倫・荷妮所說，對有煩惱的人來說，最大的救贖就是煩惱。不去解決而只是煩惱，在這個時間點下，心理層面上才最是輕鬆。

但到死都只是一味地在煩惱是無法解決任何事的。

終究是會心懷煩惱地進入棺材中。

地獄般的考驗雖會殺人，卻也會讓人變得極為強大【註3】。

前述的家庭主婦現今是變強了還是被殺了呢？是死了還是變強了呢？

這是拚了命的人生決勝點。

半途而廢不太好。半途而廢就等同於選擇被殺死。

照顧丈夫、養育孩子，以及照顧住進安養中心的母親。孩子中有一人有智能障礙，其他孩子的成績則很糟。

她努力到自己的能力極限，可是人生還是無法順利走下去，連體力也達到了極限。

在變強還是被殺中，她變強大了。

道路只有一條，那就是「捨棄一切」。

不管別人怎麼說，就是捨棄一切向前進。她做出這個決定來時，不管別人怎麼說自己，都和自己無關。

而且她對自己很自豪。

◆不對自己說謊的人的堅強

在心理韌性研究者希金斯著作中經常會出現一位名叫丹的少年與一位名叫西博的少女。

兩人都是有著過分雙親的孩子。

希金斯問丹：「你對自己感到驕傲嗎？」【註4】。

他說他對自己感到驕傲。

丹走向了更美好的人生，而且知道自己正在戰鬥中。

丹深受虐待所苦。他很怕父親的毆打。

丹四歲的時候以為自己會被殺。

當時，他躲到了床底下。

因為身型很小，他沒有被父親發現。【註5】。

重要的是，不論是丹還是西博都相信，「真實會解放自己」。相信對自己來說，「有更好的地方」【註6】。

這個丹與西博的狀況當然與前述的女性完全不同。可是三人都一樣是努力到自己的極限為止。

雖然三人的狀況在達到極限前都非常嚴苛，可是三人都對付諸戰鬥的自己感到驕傲。

這點和忍耐著當個犧牲者而煩惱不已的人不同。

丹處在到極限為止都是很嚴苛的狀況下，努力活出人生。

而且他說：「我不論輸贏還是成敗，都會因為那樣的應對方法而對自己感到驕傲。」【註7】

對丹來說，重要的不是「形式」，而是「心靈」。

從重視「心靈」而非「形式」的態度中，就產生出了自我肯定感【註8】。

前述「說出『滾出去』卻不後悔」的女性也一樣。她並沒有被維持家庭這樣的「形式」給束縛住，所以能戰鬥到最後。

他們之所以擁有驕傲，是因為確立了「自我同一性」，也就是不對自己說謊。

沒有「意識與潛意識的背離」。

而那分「自我同一性」，不是自然產生出來的，是要去「達成」的。

確實感受到自己的存在，是來自於有心理韌性的人的生存態度。

沒有確立「自我同一性」的人，是對自己撒謊的人的例子。

有位女性的丈夫去了情婦身邊。

她說：「我相信著丈夫並且會等他。」

面對痛苦的現實，像這樣的應對方式是有問題的。
她在潛意識中是很氣丈夫的。
因此在她內在有著「意識與潛意識的背離」。
在這樣的應對方式中，她沒有自我肯定感。
無法感受到確定自我的存在。
她無法確立「自我同一性」。

「我和這種男人結婚了」，這就是「和別人不同的、我固有的人生」。
她可以做下如此決定來應對「丈夫被情婦奪走了」的現實。
然後往前進。
可是她並沒有這麼做。
她不去看現實。
她不承認「我和拋棄妻子去找情婦的沒責任男人結婚了」的現實。
她的情況和丹、西博不一樣，是失去了「自我同一性」。

她沒有確認自己的存在感。

以忍耐的姿態說著「我想要那個，也想要這個」的人，到死都無法感受到活著的價值。

不是去愛而是一直渴求被愛的人，無法感受到自己人生的意義。

是什麼將丹從可怕的虐待中拯救出來的？丹是靠什麼療癒了那可怕的虐待呢？

依照希金斯所說，那就是利他主義。

利他主義有著能改變人的偉大力量。這對療癒來說是最本質性的【註9】。

丹遇見了各式各樣的困難。

而最後，丹擊敗了如大洪水般的殘虐，讓自己變得異常強大起來【註10】。

不是所有人都能變得如此強大的。

不是所有人的心中都能培育出這樣強而有力的心理韌性。

可是，不可以搞錯是什麼讓自己變強大了這一點。

◆只要改變關注的對象，自己就會改變

美國的心理學家西伯里在《問題是能解決的》（暫譯。*Stop being afraid! how to worry successfully*）這本書中，介紹到了第二次世界大戰中一名英國女性消防隊長的故事【註11】。

她天性溫順，完全沒有對抗困難的魄力。她深居簡出，深陷自卑感中，甚至愧疚於自己的存在。

而且她討厭自己的性格，因姿容而煩惱，對自己的想法沒自信，說話時容易猶豫不定。

她完全就像是現代日本繭居族的年輕人。

可是戰火開啟了，英國開始遭受到恐怖的空襲。

結果她成為了勇敢的消防人員。

她從被炸彈擊中的大樓中救出了傷者。

她的聲音強而有力、眼睛閃閃發光，擁有了無可動搖的自信。

為什麼會發生這樣的奇蹟呢？

以前，她總是害怕著各項事物，到底是什麼給了她勇氣呢？

西伯里說：

「那就是她將此前只關注著自己的心，轉向了委託給自己的職務上。也就是說，推測她應該是轉換了關注的對象。她讓自己精神上的、肉體上的力量一點一滴覺醒，然後積極將這些力量投入到工作中。」

◆努力面對困難時能看見的事

有位四十歲的已婚女性。

她從小就受到了雙親的虐待，丈夫也是受過雙親虐待的人。
她九歲的兒子為頻尿與自殘行為所苦，已經無法獨自一人去上學。
丈夫說：「自己因煩惱，從國中時代起就變得面無表情了。」
夫妻兩人都很扭曲，只要一打照面就會吵架。
丈夫有創傷症候群，所以無法在工作上獲得滿足感。
丈夫雖是一間小公司的經營者，但都把事交託給其他人。
兩人雖都很努力，但已經達到極限了。已經筋疲力盡，沒有努力的力氣了。
這時候，妻子生病住院了。
丈夫在理智上很清楚，自己必須去照看生病的妻子。
可是卻沒有能量去做這件早已知道的事。
妻子聽著丈夫說著這些話，愈聽愈無法冷靜下來。
那是因為在丈夫的心中有著憤怒、怨憎、不滿。
丈夫已經沒了活下去的能量。
妻子也沒了活下去的能量。

他們都在用扭曲的眼光看待世界上所有人。
丈夫直到無法工作前都一直拚命努力地生活。
而如今生活中卻沒有了妻子。
他已經筋疲力盡了。
因為沒有能量，所以無法承受變化。
丈夫說妻子「好可憐」。這時候，在「好可憐」這句話中是沒有愛的。
他在尋找一個對自己來說最有利的位置。
可是在這部分上需要努力。因為他沒有心理韌性。
有心理韌性的人在行到水窮處時會努力不懈。只要努力就能看清各種事物。
會察覺到：「奇怪，體溫有異狀。」
為了讓妻子感到舒服，會擦拭妻子的臉及身體。
然後對妻子說：
「有我在身邊。」
就算獨自一人也可以哭泣。

有心理韌性的丈夫會對妻子說：

「就算公司倒閉了也沒關係，我會拚命努力的。」

他試著變強大、拚命後就會看到「今天來幫忙擦腳吧」等要做的事。

幫忙擦腳。幫忙用溫暖的毛巾擦乾淨腳底。

就算不說話也可以。

所講的拚命努力不是大聲叫嚷著：「要來加油囉！」

而是付出愛。

有心理韌性的人完全就是能去愛的。

愛就是能站到對方的立場上去考慮。

至今為止，夫妻兩人都說：「我希望獲得認可。」

兩人都在渴求被愛，因此都不經意地傷害了彼此。

有心理韌性的丈夫也會把注意力轉向兒子。

九歲的兒子本來為頻尿與自殘行為所苦，無法一個人去學校，但現在可以走到校門口了。

只是無法再更往前走一步。

為了讓兒子安心，他可以溫柔地對兒子說：「有我在身邊喔。」

或許這很難立刻就說出口。

因為人不會突然間就出現心理層面的成長，不可能突然間就生出心理韌性。

可是這名大夫正在成長成終有一天能那樣說的人。

有心理韌性的人不可能是突然間就變成有心理韌性的。是為了能成為有心理韌性的人而活過來的。

是歷經多年都重視著「心靈」而活，最後才成長為有心理韌性的人。

歷經了多年都重視「形式」而活，即便突然說要成為有心理韌性的人，那也是辦不到的。

希金斯有一個假設是提出心理上的健康與成長是終生的發展【註12】。

現今，丈夫雖無法為了讓妻子與兒子安心而溫柔地說出：「有我在身邊喔。」但能那麼說的一天終會到來的。

女演員瑪麗・畢克馥（Mary Pickford）曾留下過一句話：「機會常有，隨時都可以有新鮮的開始。失敗不是倒下，只是躺倒著是無法爬起身來的。」【註13】

◆人生就是「征服自我的歷史」

人生終生都在持續成長。

因此我認為，有心理韌性的人是不是會將現今的人生視作「征服自我的歷史」呢【註14】？

在被賦予的環境中努力生活。只要試著回顧過往就會知道，那是戰鬥史，同時也是征服史。

在希金斯調查的許多人中，都強調地說過這些。

「我人生早期階段沒有達到學習的標準。尤其是後青春期與早期的成年期。

可是現在達到了要求的水準。

有些人住院了，而且即便沒住院也因受到在孩童時期爆發的創傷影響而被診斷為是悲觀論者。

我一邊猶疑不定，一邊把目光投向賦予自己與他人的嶄新意義。

歷經過漫長的人生旅程，即便混亂，最終還是找到了人生的意義。

伊底帕斯最後找到了回家的路。」【註15】

之前有提過妻子因病入院的丈夫。

丈夫現今無法對妻子說：「有我在身邊喔。」那也是沒辦法的事。

不用把無法那樣說的自己看成是沒有心理韌性的人。

現今的自己沒有達到最高效能的程度。

所以想要變成更棒的自己。

現今，即便是精神官能症傾向強烈的人，也不要悲觀看待自己的未來。

現在的自己不是最棒的自己。

那位丈夫現在這麼說也可以。

那位丈夫在國中時就變得面無表情，對他來說，幼年時期應該過得很辛苦吧。罹患了創傷症候群的丈夫一定是在嚴苛的命運中奮戰生存至今。

我們是過去的累積。「現今的自己」是包含至今為止自己所有的一切【註16】。而在那前方，就有著會運作出最高效的自己。我們就是為了成為那樣的人而活過來的。

煩惱不是昨天的事。

煩惱是如種下的花朵般綻放著。

煩惱的人是在某處播下了今日煩惱的種子。

現今煩惱著的人透過承認那件事就能邁向成長。

若不承認，就會錯失成長的機會，受到嚴苛的命運所操弄。

與過去的自己離婚。

在閱讀希金斯著作時，我遇見了「Divorced self」這個詞【註17】。

其中的意義是指，受了過深的傷，所以基本的自己從自我中分離出來了。

就像失去了「自我同一性」的意思。

就是走過了那樣殘酷的人生吧。

有心理韌性的人會把自己現在的命運看成是該人自身的征服史。

解決、修復被打垮的孩童時代，最後將那些過往視為是能擁入懷中的歷史。

有心理韌性的人會把自己現今的人生看成是征服的歷史【註18】。

因此能像在指揮交響樂團般掌控此前各個時代的自己。

◆現今的一切是為了變得幸福的歷程

以下是某個有心理韌性的人的故事。

自己像這樣是世界上最痛苦的人是很了不起的。若是從只有自己能忍耐這分辛苦而活下來這點來看，只靠打一劑針就能消除的痛苦，根本進不了辛苦的門檻。

「自己像這樣是世界上最痛苦的人是很了不起的。」能這樣想的人是很能耐受逆境的人。

我有段時間在日本精神衛生學會大會任職會長，因此我請了哈佛大學教授艾倫・蘭格女士來演講。

她說了如下的內容：

「要把所有行動都想成是有意義的。某人做出了對自己來說是負面的行動時，請更要試著去思考那個行動背後真正的意圖。

這麼一來，對於那個行動就能做出另一種解釋，針對那人的負面觀感、否定心態就會消失了。」

所有人都會期望在某種意義上充實自己的人生，並做出各種行動。因此若能掌握住將現今當成是為達成最終幸福前的歷程，就會知道，任何行動中都有其意義。這是對逆境耐受性強的人、有心理韌性的人的觀點。

只要這麼一想，就能持續去做從逆境中振作起來的行動。

我們總認為，是因為一些大事才錯過了幸福，但其實是因為身處逆境時的小事才錯失了幸運。

再說一次。

對逆境耐受力強、有心理韌性的人會認為，無論什麼樣的行動中都有意義。

現在很痛苦。

可是現在是抵達幸福的過程。

◆想打出逆轉全壘打的人

無法忍受逆境的人立刻會敷衍地想著：「就算做這種事也沒輒。」

無法忍受逆境的人在面對逆境時，很快就想要打出逆轉全壘打。

能忍受逆境的人會透過累積每天微小的行動以從逆境中恢復。

透過是否能積累每天微小的行動，就能得知作為一個人是否在心中擁有強韌的根本。

逆境就能測試出這點來。

有心理韌性的人的自我認識是：「自己內心有平靜的核心。」這是歷經戰鬥後活下來的人的自我認識。

有心理韌性的人深刻確信著：「自己值得被愛。」這是他們的特長【註19】。

若無法戰鬥並生存下來，就不會有像那樣肯定的自我印象。

光只是說卻不去做、單只是煩惱卻不面對問題戰鬥，這些人不會為自己感到驕傲。

心懷不滿的所有人的確都一定是不走運的。可是他們卻沒有確實地將不走運當作是對自己的試煉而接受，沒有把它當成是成長的機會。

◆關心他人而活

心理韌性是在「掌握住環境」時成長的。

或許大家會覺得「掌握住環境」的意思很難懂。

英國的精神分析家威尼科特（Winnicott）在說明這點時，使用了 embedduals 這個詞，而非 individuals。

Embed 是「埋入」的意思。

要說這是什麼意思，用孩子的成長來做比喻會比較好懂。

孩子的心中埋藏著養育者。

也就是說，孩子被什麼樣的人所養育，心靈的模樣會有很大的不同。

人們各自的心都會成長，會成長發展成最棒的自己。

這就是「掌握住環境」。

美國的心理學者卡根（**Kagan**）擴大了威尼科特的概念，將終生的成長加上了「掌握住環境」**holding environment** 的連續與特徵【註20】。

卡根所說的「確實保持住」**good enough holding** 就是成長的本質。

不要被環境所抓住、擺佈。要由自己掌握住環境。

若用先前夫妻的例子來說，會是怎樣的情況呢？

就是丈夫對妻子懷有關心。

你所能給予他人中最偉大的，就是付出關心【註21】。

就像之前寫到的，是丈夫能對妻子說：「有我在妳身邊。」那就是有確實掌握住環境。

若能這麼說，圍繞著家人的環境就會改變。

可是彼此在渴求對方的關心時，嚴苛的環境並不會變化。

嚴苛的環境是上天所賦予的，是讓人束手無策的。

有孩子遭受到了雙親嚴重的暴力。

也有孩子碰上了心靈溫暖的雙親。

有心理韌性的孩子會從這各種人際關係中找出愛自己的人並獲得他們的好意。

他們能分辨得出冷酷的人與溫柔的人。

有心理韌性的人會選擇來往的人。那就是他們生存的智慧。

世界上有各式各樣的人。

既有詐欺犯，也有人一生都奉獻給慈善活動。有人心靈溫柔，也有人沒血沒淚、很冷酷。

有心理韌性的人所選擇接觸的，不會是榨取他人的人，而是有愛人能力的人。

他們會與那些人心靈交流、成長。

總之，有心理韌性的人的人際關係，會如花苞開花那樣，得花費一點時間才會綻放。

有心理韌性的人不會想要草率、隨便地讓所有遇見的人都愛自己，會選擇能心靈相通的對象。然後活用該分人際關係，拓展人生的可能性。

心理韌性就是從像這樣的事情中累積得出的，不是只要擁有條件，任何人就都能打造出來的東西【註22】。

親子關係很重要是毋庸置疑的。

可是青春期時和什麼類型的人接觸也是非常重要的。

在親子關係中受挫的人，很多時候在青春期選擇朋友時也會選錯。會搞錯自己人際關係的依託。

例如若青鱂魚不是生活在小河中，而是生活在有著鯨魚的大海中，所作所為都會不順利，活著就會很辛苦吧。

失去了活下去的目標，屈辱接踵而至，心靈就會悲傷欲裂了。

只要察覺到搞錯了人際關係的依託，就可以抓住覺醒的可能性。

有心理韌性的人，會一邊不重蹈覆轍，一邊持續摸索自己缺少些什麼。而因著他們有特有且十足的共鳴能力，就會開拓出嶄新的人際關係或可能性【註23】。

◆操控媽寶丈夫心靈的訣竅

有一對年紀相同的五十九歲夫妻。

他們有著三十六歲的女兒與三十五歲的兒子。

丈夫在明年生日時屆齡退休。

丈夫的母親還很健康。

丈夫每三天會去一次母親那裡。

身為妻子的她視力漸漸變差。

她的視野變得狹窄，目光所及的東西看起來都是歪的。即便進行矯正，視力還是只有〇・一。

她對丈夫說：「希望你能成為我的依靠。」那是她最大的心願吧。

但是她說丈夫「卻不願那麼做」。

丈夫從以前就不疼愛孩子。

她說丈夫是很奇怪的人。

他不喜歡和其他人待在一起。

丈夫認為自己的想法最正確，沒有朋友，在職場中也沒有建立人際關係。她說這就是她的丈夫。

丈夫說：「若是只有自己一個人就不會工作，是因為有家庭才工作。」以施恩者的態度自居。

她說：「我放棄了。」

說丈夫一句他就回十句。

丈夫開車時總是會批評其他人。

也會一邊看電視，一邊批評出場的人。

這樣的丈夫面對妻子說的所有話都會當成是抱怨。

要讓她來說就是「父母才是命」。

丈夫的母親也一樣，「會為了孩子火裡來，水裡去」。

丈夫總之就是期望獲得他人的稱讚。

除了稱讚的話語，其他全都會當成是批評。

相反地，丈夫對所有吹捧的話都很在意。要是被吹捧了，屁股都要翹了起來。

若沒有被吹捧，心情就會變糟。

總之，丈夫對愛有很強烈的飢餓感。

對愛有飢餓感的內裡是期望亂倫的病理。

這類人隨時都想被稱讚，無法獨立，沒有消除自戀。

自戀者沉浸在自我陶醉中，但其實心底很畏懼外界，總是膽戰心驚著。因此，

除了稱讚的話，其他聽起來都是批評。

不論拜託他什麼都會抱怨，也不會坦率地去做受到請託的事。

對自戀者來說，被拜託事情會讓他們感受到屈辱。

她很累了，她說：「我已經不想再見到丈夫了。」丈夫受到了期望亂倫的病理影響，若是被五十九歲的妻子投出不安的因素，就會意志消沉。

正因為面對的是這樣的人，若要繼續婚姻生活，她就需要心理韌性。

有心理韌性的人的態度會是什麼樣的態度呢？

有心理韌性的人會說：「我還看得見。」

只要這麼一說，丈夫的心情就會改變。

若告訴丈夫：「我的眼睛看不見囉。」心理層面上還很幼稚的丈夫就會逃跑。

反過來說，她若是像有心理韌性的人說出了以下這句話：

「仔細想想，我還真是運氣很好呢！」情況又會如何呢？

只要這麼說，丈夫就不會灰心沮喪，就能像有心理韌性的人一樣，積極正面思考。

丈夫去婆婆家時，要跟他說：「把這個帶著去吧。」

丈夫總是在批評人。

也就是說，在他的心底，總是有著令他膽戰畏縮的事，總是很憂鬱。

但是母親卻不會像妻子那樣說些沉重的話。

這名女性只要說些開朗的話，丈夫也就會離開母親了。

「我的運氣真是好。在這世上也有人是看不見的呢。」只要這麼一想，家中的氣氛就會不一樣，人際關係也會不一樣。

「只是把東西看歪而已，對日常生活不會造成障礙的呢。」

只要這麼一說，丈夫就不會離開。

在現今的狀態下，對丈夫來說，妻子是比母親還重要的。

只要想到「這點事我能做到」，就會心懷感謝。這就是心理韌性。

她說：「丈夫不吃我做的菜。」

丈夫的這個問題可以簡單解決。

只要妻子健康有活力就好。

這麼一來，心理層面上很幼稚的丈夫就會安心。

她透過培養心理韌性、變堅強，問題就可以解決。

「我的眼睛沒問題喔，因為沒有惡化。」

要和幼稚的丈夫一起生活，健康有活力是首要條件。

即便腳稍微有點痛，也說：「沒問題。」

要是心情不佳就唱歌。

「我很不安，所以希望你待在我身邊。」

這樣說是無法和幼稚的男人一起生活的。

因為他們會深刻感受到沉重的氛圍而想要逃避。

有心理韌性的人在這樣的情況下也無法擁有心靈上的餘裕。

不可能像現在寫的這樣，能進行流暢的對話。

即便是有心理韌性的人，也會像她一樣感覺疲憊到想說：「我再也不想見到丈夫了。」

雖是風中殘燭，但是有心理韌性的人無論如何都會維持內在的平衡。

勉勉強強地保持住心靈的安定。

那和單純只是想存活下去的人不一樣【註24】。

不過，有心理韌性不是結果，而是成長的過程。

去閱讀關於心理韌性的各種事項，不要做出結論：「這種事我才做不到。」只要能理解到，自己也是處在成為像那樣有心理韌性的人的過程中就好。

◆持續給予自己高自我評價

誠如前面說明過的，所謂的心理韌性，不是在面對艱困的情緒時被動承受，而是能積極、主動地去做出應對。

然後能以柔軟的態度解決問題。

對於發生的問題要用主動的（Proactively）方式去應對，而不是被動的（Re-actively）態度。

「我的眼睛沒問題喔。因為沒有惡化」這句話就是主動的態度。

主動式的應對不單只是到處活動。

健康有活力也是主動式的反應。

如果能勉強和那個幼稚的丈夫一起生活，終有一天，她將能評價自己「我真的好了不起」。

不要把丈夫當成依靠，而要在自己心中打造出「心靈之杖」。

有心理韌性的人就像這樣，慣常會持續給予自己高自我評價。即便什麼都不做，專等有人來稱讚自己也不會產生出高自我評價。

「為什麼我的運氣這麼糟呢？」哀嘆著婚姻生活與丈夫，這就是被動，是反射性的應對方式。這樣是無法向前邁進的。

前面也提過了，有心理韌性的人，儘管在情緒上會失望，但仍會打造充滿希望的世界觀。

之前那個幼稚丈夫的妻子若不能做到這點，就只能離婚了。若不那樣做，就只能終止今後也每天都在哀嘆著的人生。

對方當然也有問題，但是另一方面，有時讓對方露出不好一面的也是自己。若不能理解這點，在心理層面上很幼稚的兩人關係是不會變好的。

看著對方時，不要只是批評對方。

「成為大人的幼童」的丈夫，以及「成為大人的幼童」的妻子，兩人的婚姻生活是不會順利的。

這是與有心理韌性的人相反的。

◆停止把能量用在「批評」上

有心理韌性的人能有效使用自己的能量。每個人擁有多少能量並非是不一樣的，而是使用方式不一樣。

就我的想法來說，沒有心理韌性的人都沒把能量使用在「防衛自我價值」上。

也就是說，不要把能量使用在去批評人、騷擾人，或操弄人上。

就算去批評別人也沒什麼意義，現實只會惡化，但問題完全都沒解決。明明沒有好處，為什麼還要不斷去批評人呢？原因就出在精神官能症。

亦即，所謂的心理韌性是與精神官能症相對的。

有心理韌性的人有很高的潛能。

有一分特別罕見的研究是關於生長環境對孩子的成長有怎樣的影響。加利福尼亞大學戴維斯分校的心理學者埃米・沃納（Emmy E. Werner）被稱為「心理韌性之母」，她用了三十二年的時間，研究了六百九十八名「高風險孩童」的群體【註25】。

夏威夷有心理韌性的孩童身上都有個共通性。

那就是會使用自己所擁有的東西。

潛能低的人是精神官能症患者。

潛能高的人是有心理韌性的人。

總之，有心理韌性的人會有建設性地使用自己的能力。
人有多少能力都不是問題，問題出在是否能使用自己擁有的能力。
不太能忍受壓力的人是錯用能力的人。
精神官能症患者會為了操弄人而使用能量。
有心理韌性的人使用能力的方式與罹患有精神官能症的人是完全相反的。

◆憂鬱症患者是疲於偽裝自己而活的人

精神官能症傾向強的人，只會拚命努力去做自己不喜歡的事。
這樣活著，身心都會精疲力盡。
對他們來說，沒有什麼開心的事。
若有什麼開心的事，就會湧現更多的能量。
會湧現出「克服這個困難吧」這樣的能量。

憂鬱症患者也是沒什麼開心的事。
因此，一旦倒下了，就再也站不起來。
再也無法偽裝自己而活。
憂鬱症是「我做不到」的心理反應。
要對人生中發生的不好事情做出正面積極的解釋需要能量。精神官能症患者或憂鬱症病人已經「很累了」。
對身心處在消耗狀態下的人說：「你要變得更樂觀主義些，要正面積極。」都是白費唇舌。
沒有心理韌性的人與有的人之間會產生衝突。
這時候不要反省，想著下次「要變得像那類型的一樣」。
這樣做會將能量用在忍耐上，而非與外界的戰鬥上。

◆為了解自己而活

有心理韌性的人是以成長本身作為目的。也就是說，是以馬斯洛所說的成長動機在行動。

馬斯洛說：

「自我實現的人會活用自己潛在的可能性、資質與創造性，因著想要了解自己的必要性而活。

該結果會逐漸整合人格，逐漸察覺到自己真正是怎麼樣的，逐漸察覺到自己真正期望的是什麼。

又或者是逐漸能擁有『想要自覺到自己使命、職業、命運的欲求』【註26】。」

要察覺自我，就要不斷去進行自我實現而活。

以成長動機來行動的人「很少會去依賴他人，很少會出現矛盾，連不安、敵意，以及渴求讚賞與愛等也不常見【註27】。」

◆為什麼人會想逃離自由呢？

討厭困難。

討厭失敗。

拒絕成長的人一定會這樣想。

困難和成長是組套而來的。若逃避困難，就等同於選擇了不成長的道路。

自由會解放人，卻不會帶來救贖。自由是伴隨著責任的。

因此，人會逃避自由，會逃走。

有心理韌性人格特質的人，不會逃避自由。

他們知道，喜悅與困難理所當然是一個套組。

美國心理學家羅洛・梅說：「成長會伴隨著不安與混亂。」

有心理韌性的人知道這點。

有的人會重複相同種類的失敗。

模式化的困難指出了那個人的弱點。

例如有酒精上癮症的丈夫的妻子就是一個例子。

她一邊說著受夠了有酒精上癮症的男人而與丈夫離婚，一邊又與其他有酒精上癮症的男人再婚。

模式化的困難顯示出該人心中懷有很嚴重的問題。

可是有很多人都學不會困難教給我們的事，永遠都在繼續著同樣的困難。

有心理韌性的人則會從經驗中學習。

◆理解自己在社會上的位置會比較有利

有心理韌性的人不會以自我為中心。

以自我為中心指的是，認為別人是為了自己而存在的。

自我中心的人會向身邊的人渴求一些事物，但那些事物對其他人來說，是無法給出的。所以這也就是精神官能症式的要求。

依照精神分析學家卡倫・荷妮所說，所謂精神官能症的要求就是，不做出相應的努力，卻有所要求。

有著精神官能症要求的人，人際關係會惡化。

有心理韌性的人是知道自己在社會上位置的人，因此能有效使用能量。

因為知道自己的位置，就能獲得他人的體貼關懷，能獲得他人的好意。

人際關係上也能發展順利，陸續形成期望的人際環境。

因為有心理韌性的人知道自己的立場。

例如只能和忙碌的人會面三分鐘時，會覺得對方能抽出這麼長的時間來會見自己而感到感謝。

知道對自己與對方來說，時間的價值是不一樣的。

反過來說，有精神官能症的人不知道立場，搞錯了自己的所處環境。

有弄清楚自己所處環境的人，就能打造出人際關係。

可是搞錯了自己所處環境的人，就無法形成持續性的人際關係。

與精神科醫師佛洛姆-萊契曼（Fromm-Reichmann）所說「向無差別對象索求愛」相反的，就是心理韌性。

即便有相同的體驗，有心理韌性的人會認為：「就算用一輩子也還不了恩情。」因為這樣感謝的心而變得幸福。

感謝著：「那個人為我做了這些。」

知道那個人與自己的關係。

知道那個人不是自己的母親。

所以對那名不是母親的人，會感謝地想著：「謝謝他為我做了這種事。」

即便有著相同的體驗，沒有心理韌性的人也會覺得「被瞧不起了很不甘心，想殺了對方」，會有這樣的憎恨。

註釋

【註1】"A process that builds on itself over time" Gina O'Connell Higgins, *Resilient Adults- Overcoming a Cruel Past*, Jossey-Bass Publishers San Francisco, 1994, p4.

【註2】"Shibvorn does not consider herself a victim as an adut."同前，p62。

【註3】"This will either kill you or it will make you very strong."同前，p60。

【註4】同前，p61。

【註5】同前，p48。

【註6】"Both Dan and Shibvon certainly believe that the truth shall set you free. There is a better place to be."同前，49。

【註7】"Whether I win or lose in whatever the situation is, I just feel good about the style in which I approach it."同前，p62。

【註8】"He has achieved a highly differentiated and integrated sense of self."同前，p62。

【註9】"Thus altruism bolds great transformative potency and may be essential to one's bealing from horrific abuse."同前，p64。

【註10】"Finally, Dan feelss that surmounting such potentially cataclysmic cruelty has rendered him unusually strong."同前，p64。

【註11】David Seabury, *Stop Being Afraid, Science of Mind Publications*, Los Angeles, 1965, 加藤諦三翻譯「問題は解決できる」（問題能解決）1984年，三笠書房。

【註12】同前，p68。

【註13】同前，P69。

【註14】“The resilient see their current lives as the history of their own overcoming.”同前，p70。

【註15】Gina O’Connell Higgins, *Resilient Adults-Overcoming a Cruel Past*, Jossey-Bass PublishersSan Francisco, 1994, p69.

【註16】同前，p70。

【註17】同前，p69。

【註18】“The resilient see their current lives as the history of their own overcoming.”同前，p70。

【註19】“The resilient are characterized by a deeply held conviction that that deserve love.”同前，p125。

【註20】同前，p71。

【註21】Bill Moyers. *Healing and Mind*, Public Affairs Television Inc.1993 小野善邦翻譯「こころと治療力」（心靈與治癒力）草思社，1994年，383頁。

【註22】“In sum, resilient relationship unfold, become selectively internalized, contribute to an extensive vision of life.” “Thus resilienoe is a cumulative process, not a product, and it open to all in some measure.”同前，p126。

【註23】“Refusing to repeat the past, they sustain outside relationships that are often enriched their unusual, highly gratifying empathic capacity to march a mile in another’s moccasins.”同前，p130。

【註24】“Unlike the term survivor, resilient emphasizes that people do more than merely get through difficult emotional experiences, hanging on to inner equilibriumn by a thread.”同前，p1。

【註25】Marlane Miller, *Brain styles*, Simon Shuster, Inc, 1997, pp33-34. 加藤締三訳「ブレイン・スタイル」（大脳風格）講談社，１９９８年、７４-７５頁。

【註26】Abraham H. Maslow, *Toward A Psychology of Being*. p40.「完全な

る人間」（完美的人）上田吉一翻譯，誠信書房，1964年，57頁。

【註27】同前，57頁。

3 戰鬥之心所帶來的東西

◆現今的煩惱就是過去行為舉止的報應

「煩惱不是昨天才造就的。」

這是精神科醫師貝蘭・渥爾夫（Beran Wolfe）很有名的一句話。

現今所煩惱的事，是早在很久之前就播下的煩惱的種子。

以下故事就是這個例子。

有位媳婦與婆婆起了爭執。

媳婦現在懷孕三個月，但丈夫一個人在國外工作。

婆婆說：「希望妳住離自己家近一點。」

因此她不得不住在房租比較高的地方。

她對丈夫與婆婆都很不滿。

她說：「丈夫都不說自己的意見。」

她說：「丈夫都只想著婆婆。」

連保險理賠的受益人也不是自己而是婆婆，所以她很不滿。

丈夫說：「希望能用母親的名義投保。」

婆婆說：「希望在媳婦生下孩子前都是用母親的名義投保。」

在她的諮商中，具體來說就是「與婆婆同住有壓力」。

現在實際上她們並沒有一起住，所以問題出在「壓力」。

她說：「丈夫是媽寶，而我是犧牲者。」

誠如前述，即便是忍受了地獄的火燒，有心理韌性的人也不會說：「我是犧牲者。」

但是她現在明明處在什麼事都沒發生的平穩生活中，卻還是說出了：「我是犧牲者。」

婆婆一方說：「被兒子與媳婦背叛了。」然後開始千篇一律地抱怨著說：「我想死。」

在現今尚未與兒子夫妻同住的狀態下，婆婆已經哀嘆著：「我不知道該怎麼辦才好。」

不論是媳婦還是婆婆，兩人都是沒有心理韌性的人。

有心理韌性的人，不會把自己看做是犧牲者。

先前舉過了少女西博的例子，她生於地獄，在幾乎要被殺死的虐待環境中長大成人，但成長為大人的她，也不會把自己看成是犧牲者【註1】。

少年丹也一樣。他承受了父親拳打腳踢的虐待，也不會把像要被殺死的自己看成是犧牲者。

不是因為單純想存活下來，我認為他們都是獲得了克服困難最棒的事物。

丹把自己看成是成功者而非犧牲者。

所謂的犧牲者是自己經歷了非常殘酷的體驗，卻幾乎無法克服，認為是被關在了那種悲傷、痛苦中的人。

因此，丹認為：「我不是犧牲者。」他認為，自己的人生中並沒有發生什麼事是非得讓自己犧牲的。

與此相對，先前提到的媳婦與婆婆明顯就是把自己看成了犧牲者。

那是種被動的態度。

因為經常都會想著要別人為自己做些什麼。

只要沒有受到保護，就認為「我是犧牲者」。

這位媳婦對於保險受益人、理賠金的對象是婆婆一事說：「我不是說要把錢都給我。」

在這句話中，有這名女性心中不講情面的部分。

丈夫應該會在心中吶喊：「妳給我等一下！」

婆婆已經六十歲了。

媳婦覺得，丈夫的態度讓自己那麼不安心，都是來自婆婆的意思。

母親對自己說想一起住，於是丈夫覺得：「就那樣做吧。」

媳婦一方當然是反對的。

可是結婚前她說了：「將來也可以一起住喔。」

如果丈夫強硬地以自己的意思結婚，就不會變成這樣。

媽寶的丈夫若不是和某位有領袖性格的人在一起就結不了婚。

婆婆也是沒有心理韌性的人。

有心理韌性的人不論何時都會去探尋積極的行動。

如果婆婆是有心理韌性的人，應該就會變成像是：「太好了，兒子有媳婦了。」但情況卻不是這樣。

也就是說，是媳婦這方很積極要結婚的。

若媳婦是有心理韌性的人就會承認這點。

這個媳婦若認為：「都是我單方面在一味地喜歡他。」麻煩狀況就會遠離。
因為她有掌握住了環境。

若能承認這點，大家的心情就會不一樣。
操控周圍的人，想著「終於結婚了」時，這個媳婦就變了。
她操控了周遭的人，達成了目的。

丹有心理韌性，最重要的是他為自己感到驕傲。
而且他說：「我從未曾操控過別人。」【註2】
那就是他自豪的原因吧。所以他總是有著好心情，不會煩躁。
但是，總是操控人的媳婦即便很喜歡丈夫，她的心中仍有煩躁。
她心底對於丈夫的想法是：「為什麼總是聽母親的話呢？」因此感到生氣。
問題出在她的感性。
若不總是最重視自己，她就會感到不滿。
自己沒有想要重視他人的心情。

這個媳婦若是個有心理韌性的人會怎麼想呢？

她會想：「現在，只要在國外的丈夫健康回來就好。」

只要這麼一想，與周遭的人際關係就會改變。

丈夫沒有特別喜歡或討厭哪個人。受到重視時，就會喜歡那個人。

這就是媽寶。

這個媳婦把丈夫的全家弄得四分五裂。

因為對操控方來說沒有朝向未來的一貫意志。

那個媳婦說著：「現在這個人生若能隨心所欲就好。」沒有考慮到將來。

「現在好就好」的想法不是有心理韌性的人的想法。

有心理韌性的人，會在長期的框架中思考事情。

對這個媳婦來說，在往後的人生中，至今為止「操控人」的報應來了。那是很恐怖的。

因此，要等著丈夫健康地從國外回來。

不要去期望「要更多、更多」，要感謝現在。

若能像有心理韌性的人一樣有這種態度，她的人生就會拓展開來。

為什麼婆婆會說「被背叛了」呢？

因為媳婦結婚前擺出了一副好臉色。

這個媳婦會操控人。

這個媳婦心中有糾葛，而兒子則是媽寶。

兩人間會發生問題是很理所當然的。

操控人的人會產生驟變。

就像黑心房地產業者那樣。

會以輕柔的聲音說著：「想帶給顧客幸福。這就是我的心願。」的人，其實很清楚該如何討要重大索賠。

這些人會突然大聲怒吼：「嘴巴上說說的話你也相信？笨蛋嗎？」

「操控人的人會驟變」說的就是「心中有糾葛的人會驟變」。

但是，精神官能症傾向強的人總是會直接接受心中有糾葛的人所說的話。

有著「吃苦頭了」這種被害者心態的人，不知於何處就種下了那樣的種子。

因此，心中有糾葛的人會說：「我是犧牲者。」貝蘭・沃爾夫所說：「煩惱不是昨天才造成的。」就是這個意思。於過去播下的煩惱種子，今天開了花。

反過來說，有心理韌性的人即便現在很辛苦，也會在當下的這個時候播下幸福的種子。

然後終有一天開出名為幸福的花。

◆「被動的人」的人生為什麼不順利呢？

有人總是會說：「自己曾遭受過很大的損失。」

如果那是真的，若能克服那樣的損傷，自己應該就能自豪於現今所擁有的。克服了那樣的困難，如今自己所擁有的就是很棒力量的證明。

有人不會像那樣稱讚自己的過去，只會說自己遭受了損害。但那個人也許實際上並沒有遭受那麼大程度的損害。

總是在抱怨的人單純只是很精神官能症地在強烈要求愛，所以或許只是深信自己似是受害了。

還有另一種可能。

那就是被動的人總是會以被害者心態來解釋與對方之間的關係。

反之，有心理韌性的人除了回想起受到周遭人過分的對待，也會對「克服了那個困難的我」感到自豪。

人生中有各種各樣的麻煩，問題是從中學習到了什麼。

從「那個人以很過分的方式對待我」，到「自己學習到了什麼呢？」

有心理韌性的人不論有過什麼樣的經驗，都會從自己的經驗中獲得許多情感上的收穫【註3】。

希金斯說：「有心理韌性的人可以用很少的汽油行駛很長的距離。」汽油就是體驗。

總是抱怨的人就像明明油箱加滿了油卻跑不了的汽車。因為引擎故障了。

出現在希金斯著作中的少女西博總是被母親說：「妳是墮落的，妳很笨。」【註4】

可是西博一直都不相信她所聽到的這些話。

某位日本女性被母親說：「妳是全年級中最醜的。」被傷害到幾乎無法振作起來。而且她無法逃離那位過分母親的支配。

但西博這點就很了不起。

一般人會因為那具破壞性的訊息而一輩子都感到很痛苦。

說不定正因為雙親真的很過分，所以西博才「不相信」的。

若是施恩望報的雙親，首先會讓孩子以為自己是很棒的父母，之後就說：「為了你我很辛苦。」

即便父親開始性虐待，西博仍說：「我一直都在規劃我的人生。我一直都想要離開這裡，想要去到更好的地方。」【註5】

西博在七歲的時候說：「我知道有某個地方是更好的。」【註6】

健康的人在任何環境下都會是勝利者。透過工作、愛、遊戲，同時能有效解決出現的問題【註7】。

有心理韌性的人除了會認識到自己在過去曾是名犧牲者，但同時，並不會在現在也把自己看成是名犧牲者。

反而會更相信自己是幸福的代理人「agent＝代表人」。

◆在嚴苛環境中存活下來的生存者的驕傲

「我不會把自己看成是犧牲者。我是生存者。我會竭盡全力與困難鬥爭，是更為繁榮興盛的存在。」

這是先前舉過的例子——少年丹說的話【註8】。

丹很怕父親的毆打，他以為自己會被殺掉。

丹在嚴苛的環境中活了下來，並說：「我是成功者，不是犧牲者。」【註9】

「所謂的犧牲者，指的是無法在嚴苛環境中振作起來的人，是被封閉在傷痛與仇苦中的人。那沒發生在我的人生中。」【註10】

處在如要吞沒一切的洪水般環境下，比起被殺，他選擇了變強、活下來。

而他對這樣的自己感到自豪。

先前那位媳婦只是因為住得離婆婆家近了些，但實際上還沒有住在一起就說：「我是犧牲者。」這怎麼看都沒有對自己感到驕傲。

丹說：「我可以面對任何事情。」【註11】

◆逃離逆境的人的末路

我以前寫過一本書叫《把人生負擔看成是正面的人與負面的人》（暫譯。人生の重荷をプラスにする人、マイナスにする人。PHP文庫）。

我想試著從心理韌性的視角來思考那本書所寫的部分內容。

並不是所有人都曾受到來自周遭人的過分對待。

我們必須要反省，自己之所以會遭受到過分的對待，或許是因為自己身上也有某些問題。

若沒有進行反省，將會一直遭受到相同的過分對待。

世上的確有很多人即便拚命努力工作，經濟上也全然無法變輕鬆。

也有很多人雖然很認真生活，但莫名地就是一直很不幸。

也有人不奢侈浪費，埋頭認真的工作，但節儉存下的錢卻被人騙走、榨取光。勤奮工作、每個月都認真存錢，才存到錢就有親戚來拜託借款：「借我錢吧。」而之後也沒還錢。

然後又勤勤懇懇工作，努力存錢。

可是這次是哥哥生意失敗來拜託自己，結果又把存款都借了出去。雖然不想借，卻拒絕不了。

雖然拚命努力工作，卻沒有一點可以稱之為財產的東西。而且還那麼為了他人盡心盡力，卻沒有人感謝自己。

即便是與親戚見面，他們也不會說一句「謝謝」。
即便遇見哥哥，他也不會對自己說一句：「給你添麻煩了。」
這時候，即便怨恨著該親戚或哥哥：「我都幫他們到這個地步了，居然也不說聲謝謝。」事態也永遠都不會改善。
搞不好還會發生相同的事。
例如女兒的丈夫開始工作後，會拜託他當借款的連帶保證人。
雖然會跟他說：「我絕對不會給爸爸添麻煩的。」但也不會好好調查就蓋下印章。
最後會變成怎樣呢？
大概會連自己住的家都被債權人給奪走吧。
有很多人一輩子都在努力工作，什麼壞事都沒做，卻把錢都花在別人身上，此外還受到周遭人的輕視、瞧不起。
有很多人勤勤懇懇工作的錢，全都被人吸金吸走了，即便如此，卻沒有誰會尊敬或感謝他們。

有人會每個月都送撫養費給離婚親戚的孩子，是個認真又努力的人，連自己想喝的酒都不喝，節省著開銷，讓外甥女至少有高中畢業，努力地匯款生活費。

即便如此每天都為他人而努力，外甥女畢業後也沒有表達一點感謝。

碰面了也不會說一句「謝謝」。

孩子的母親也不會說「謝謝」。不僅如此，外甥女畢業後，他停止了匯款生活費，對方甚至會覺得有些不滿意的樣子。

這個人若不深刻反省著：「自己的生活方式是不是有什麼問題呢？」就會不斷重複這樣非常不好的行為。

工作到死，一直被榨取到死。

先前少女西博的例子，就是在說要擺脫一直被榨取的情況時所要重視的事。

「我所擁有的一切中，最重要的就是決心。」【註12】

工作到死、到死前都一直遭受欺騙的人沒有這個決心。

如現今所說認真的人，之所以會一直工作、一直被騙，而且還一直被周遭的人瞧不起，都是因為沒有決心。

不會「想報復回去」，以被害者意識看待事情的人，本來就不會與必須得主動從正面迎擊的困難戰鬥。

他們不是克服逆境，反而是從逆境中逃出來。因為自己想受到周遭人的喜愛，所以潛意識中的某處一定有部分是自己會吸引來狡猾的人。

在經濟上被利用的人、心理上被虐待的人、很快就受騙上當的人，這些人在某部分終究是軟弱的。狡猾的人就會抓住這個弱點，做出趁人之危的事。

狡猾的人對人的軟弱之處實在很敏感。

◆不戰鬥的人會被輕視

世上有很多狡猾的人。

狡猾的人會把軟弱的人當作養分而活。

軟弱的人或許基本上都是寂寞的人。

因此會想要他人的好意，不禁對於不禮貌的要求也擺出「好臉色」。他們害怕拒絕別人後被人說是「冷淡的人」或是「自私自利的人」。

若不戰鬥就不會覺察到自己是被瞧不起的。害怕被討厭，無法去思考其他事。

不過若一門心思想著「想被喜歡」，心靈就沒有餘力觀察對方。

因為寂寞，和誰都想打造好關係。

這類人不會確立自我，無法忍受孤獨。

美國心理學家丹・凱利（Dan Kiley）說：「孤獨是商業主義容易利用的對象。」「孤獨不只是商業主義容易利用的對象」，更是「所有狡猾的人容易利用的對象」。

例如若有人長年都被人所利用，只要他沒有察覺到：

「自己深受對愛有飢餓感所苦。」

「自己在心理上成長受挫。」

就會一再被某人所利用。

這些事態和有心理韌性的人在成長過程中必須要克服的逆境不一樣。

真正必須要正面應對不可的，反而是自己被這些人輕視的現實。

所謂能克服困難指的是能面對不想被人討厭、想被喜歡的自我脆弱，然後能克服這些。熟知自己的人能克服困難的環境，從嚴苛的環境中殺出重圍。

寂寞的人不明白「靠金錢無法獲得感謝與尊敬」。他們想要感謝與尊敬，因為渴求這些而使用金錢。

他們不明白「就算低頭也無法獲得感謝與尊敬」。

如現今所述的人，要說和有心理韌性的人有什麼不同，那就是有沒有自卑感。

總是被騙的人、總是被輕視的人有著深刻的自卑感。因此才會允許對方做出那些行動。

所有行動都是為了療癒那分自卑感。

只要沒有察覺到那點並向有心理韌性的人學習，就無法脫離地獄。

把被當成冤大頭、被利用解釋成是被同伴所依賴。想要感謝與尊敬，就隨便低頭。

聚集在周遭的都是很惡質的人。

所以不論怎麼使用金錢，都會被大家所看輕。不論頭低得再低，還是會被大家在心中羞辱。

對狡猾的人來說，軟弱的人絕不會成為值得尊敬或感謝的對象。不論為他們做了什麼，都不會成為他們尊敬或感謝的對象。不會將之視為特別的人。只會是利用的對象。

◆戰鬥精神才是「美好人生」的關鍵

軟弱的人，也就是對愛有強烈飢餓感的人，會很快就怨恨對方。而透過恨對方，就能將自己此前所受的苦當成水中泡影。

這些人認為在自己的人生中充滿了困難。

那是錯的。

要說是自己的軟弱招致了困難，是自己勒緊了自己的脖子並說著：「好痛苦，好痛苦！」也不為過。

應該要正視的困難是自己內在對愛的飢餓感。

對怨恨著某人的人來說，最需要的就是戰鬥的心、戰鬥精神。

最重要的是，必須向有心理韌性的人學習。必須要培養戰鬥精神。

若用汽車來比喻，就是引擎故障。引擎故障換言之就是欠缺戰鬥精神。

從小時候起就忍受虐待並振作起來的少女西博曾說過一句話。

You can fight back.（你可以反擊）

狡猾的人不會靠近像西博那樣的人。

即便始終被母親拒絕、被說是「妳很墮落，是笨蛋」，若是不相信母親話語的西博，就不會迎合那樣狡猾的人並付出金錢。不會被惡劣的人給騙。

若是西博，即便是狡猾的人靠近她，應該也會想著：「就算被這種人喜歡，我也開心不起來。」不會去迎合的吧。

陸續和這些狡猾的人扯上關係，問題是出在「我」身上。

多年來一直被騙的人，並沒有察覺到自己的弱點。總是恨著他人的人，沒有發現自己的弱點。

對於被貌似好人的人一直利用的人、一直被欺負的人來說，他們所需要的就是西博的話。

You can fight back.

他們還另外需要以下這句話。也同樣是西博說的。

The resilient want a good life.（期望美好人生）

若期望著美好人生，就會拒絕狡猾的人。若不拒絕戴著好人面具的狡猾的人，即便努力到快死掉也沒有意義。

◆因為看不穿他人，也就不了解自己的脆弱

狡猾的人若知道了自己是被恨著的，此前連心底僅存那一絲「真不好意思啊」的情感都會消失無痕。

若我們恨著他人，就會和那些狡猾的人變成同一層級的。

那時候，若能想到：「自己花了那麼大心力、那麼多錢跟時間在他們身上，最後卻獲得了這個結果。如果自己沒有從這樣的結果中獲得些什麼，那此前花費的心力、大筆金錢與時間就完全是白費了。」之後的事態就會改變了。

像這樣想著時，雖會懊悔，但應該也會看到自己的軟弱。

首先應該會察覺到自己欠缺戰鬥精神。還有也會了解到其他的方方面面。

例如自己期待獲得那種狡猾的人的好意的愚蠢、卑微。

自己沒有洞察力去看出對方是狡猾的人。

完全不了解自己跟對方。

因為自己有深刻的自卑感而看不穿對方。
而且自己也不清楚在這個人生中想做些什麼。
喪失了自我。
不觀察對方就借出金錢，是自己沒有判斷力。
如果是從愛情中借貸金錢，不論之後結果如何，都不會那麼恨那個人。
幫助他人應該會帶來喜悅。會療癒心靈，會激勵心靈。
然而若是沒有感受到喜悅，在「幫助」這件事上，一定有什麼本質上的錯誤。
幫助人本來是可以療癒心靈的，但助人後若恨上了那個人，就是自己有在期望著對方什麼。因為沒有獲得期待中的東西就產生了怨恨。
注視自己所能看到的，譬如或許是對於心不在焉、單只是口頭上奉承話感到欣喜的自己的愚蠢。
或許害怕被討厭而做出行動的自己是軟弱的、是膚淺的。狡猾的人就會猛戳這樣自己的愚蠢與怯懦。
而且一旦想要求對方些什麼就會看不穿對方。也就是說，看不出對方的狡詐。

而若是不去做對方期待的事，就會陷入像是受到責備的錯覺中。

明明沒有被責備卻陷入被責備了的「被責備妄想」中的人，是撒嬌的欲求沒獲得滿足。

因為想撒嬌卻無法撒嬌，面對沒什麼大不了的言語或行動，就會錯覺為是受到了責備。

◆怨恨他人只有壞處

若是怨恨對方，此前的辛苦與花費的金錢、能量不僅無法起效用，自己心理上也不會成長。

自己都已經解決了各式各樣的問題而活到至今，其實應該要有自信才是。

心理韌性應該是能克服困難而成長，而且是一直成長。

人是因為戰勝了困難才產生出自信。

但是，因為害怕被討厭而行動時，並不會產生出自信。因為這樣的行動不是為了成長而做的行動。

有心理韌性的人與單純活著的人就是這裡不一樣。

與單純只是活下來的人不一樣，有心理韌性的人，會克服情緒上的痛苦經驗，在千鈞一髮之際維持住情緒上的平衡，不會失去心靈的安定【註13】。

害怕被討厭而做出行動的人則相反。

在那經驗之後就失去心靈的安定。

試著想一下就知道，此前所舉過例子的所有人都是解決了那些人生中的重擔。只要想到「有好好解決了」，就會有自信。

會想著：「我是靠自己解決的。」就是有心理韌性的人。

不會因為被那個人用那種態度對待而感到不甘心的心情牽著鼻子走。不會因為對方是用那種態度對待自己而受到影響。

有心理韌性的人，不會對人的言行舉止有反應。

不做出任何反應，以「我就是這樣」的態度而活。不被動做出反應。而是積極主動。

若怨恨著「我都幫忙做到這地步了」，解決人生的重擔後就不會產生出自信。

本人沒有想著是「自己解決了」，是恨著對方的，所以就無法品味解決後的實際感受。

無法品味解決後的實際感受時，要反省自己是否欠缺了「積極性、自發性、主動性」。

自己只是單純想受人喜歡而行動的。自己要反省：「為什麼我會愚蠢至此呢？」這樣的反省就是「從體驗中獲得意義」。

有心理韌性的人在經歷艱辛體驗時，會從中獲得積極性的意義【註14】。

可是，因為無法從艱辛體驗獲得積極性意義而怨恨他人的人，又會重蹈覆轍地被他人欺騙、使用金錢。

一輩子都在白花錢。

那些錢本來應該是要能獲得「有自信的人生」這種用錢買不來的東西，但卻浪費掉了。

然後一生一直都在浪費辛苦獲得的金錢。

秉持這種態度的，就是沒有心理韌性的人。

◆有許多不滿的人生是來自於「被動」的態度

根據正向心理學的研究者賽里格曼*的說法，若孩子靠自己的能力來解決不滿，就能相信自己的能力，會湧出「自己也做得到」的自信。說起「靠自己的能力解決不滿」，或許有人會覺得那好像很厲害。

可是，這可不是說單只有解決可怕的困難或不滿而已。

即便是解決日常上的不滿，人也會擁有自信。

*譯註：馬丁・賽里格曼（Martin E. P. Seligman），美國心理學家，被稱為現代正向心理學運動之父。

也就是說，人無法說出自己的意思時會有不滿。

明明很想吃那塊蛋糕，卻無法說「想吃」時，就會有不滿。

要解決那樣的不滿，就要表達出自己的意思：「我想吃那塊蛋糕。」

有人無法像這樣表達出自己的意思。經年累月持續下去後，就會成長為愚蠢的大人。

若在碰到困難時總是由他人幫忙解決，自己將永遠都無法擁有自信。

父母經常會為了孩子著想而代替孩子解決困難，可是這對孩子來說反而不好。

賽里格曼說：「那樣的行為會將沒有氣魄這點深植在孩子心中。」

像這樣的情況，實際上父母並沒有喜歡孩子。父母在情感上的成熟失敗了。

艾倫・蘭格也說過同樣的事情。

他建議可以試著提問：「為了自己的健康，有沒有更積極有效的方法？」

針對這個問題，首先要恢復因著「一發生什麼事都不先思考，而是立刻去找專家商量」而被奪走的應對能力。

因此，若採被動姿態，將永遠都不會有自信。

永遠都會對自己身處的環境感到不滿。
對不滿足自己撒嬌的周圍人感到不滿。
期待著人們會為自己做許多事，人們卻沒有為自己做，因而感到不滿。

下雪了。
有孩子想去滑雪。
可是若不清除掉從車庫到家門口的積雪，車子就開不出來。
期待著父母會剷雪的孩子心理是如何的呢？若沒有人幫忙剷雪，導致不能去滑雪，就會心生不滿。
但是想自己剷雪並出門的孩子，只要能剷完雪出門就會感到滿足。即便因剷雪花了太多時間而出不了門也能想得開，不會對周遭有不滿。
自己主動動起來解決人際關係「糾紛」的人，對人際關係就會有自信。
可是若是由他人去行動、始終保持被動姿態去解決人際關係問題的人，即便解決了當時的問題，接著又會引起下一波人際問題。

到時將不知道該怎麼辦。

而且同時又會期待著對方幫忙解決。

若不幫忙解決就會怨恨對方。

而且永遠都無法對人際關係有自信。

雖然常被人說：「從現在起、從這裡起、從自己做起。但精神官能症患者就是做不到，他們是如罹患了憂鬱症的人。

他們的特徵就是被動。最重要的是沒有心理韌性。

而這樣被動的姿態永遠都無法給予該人自信。

所謂的被動，最重要的就是「渴求愛」的態度。

被動的姿態就是會表現出想成為自己是受到渴求的存在這樣的願望。

被動的人會表現出對愛的飢餓感。正因如此，這樣的被動態度才難以治好。

被愛著長大成人的人不會成為被動者。

也就是說，被動姿態與自我無價值感是難分難捨地糾結在一起。

而且同時也是欠缺積極性、主動性、自發性的現象。而那背後就有著對愛的飢餓感。

不過，有心理韌性的人會一邊在嚴苛的虐待環境中成長，一邊相信著自己有活下去的價值。

有心理韌性的人一邊經驗著虐待等各種地獄之火，一邊仍深深相信著：「我是有被愛價值的。」【註15】

不過很遺憾地，我們有很多人都沒有心理韌性。

在所舉例子中的這些人也是，若他們有心理韌性，就能想著：「自己解決了這麼多的問題。」主動接受自己的過去，他們就能擁有很大的自信了。

可是他們是以被動的姿態去接受「讓大家幫忙做這些事吧」，所以既付出了那麼多的辛勞卻也沒法獲得自信。

是接受「讓人去做」的事態，還是接受「自己去做」是不一樣的。

◆是否能如釋重負是決定命運的分水嶺

要如何接受事物要看那個人的心態。

每個月都送教育費給外甥女讓她能讀完高中的人，若是以被害者意識想著是把每月教育費給「送了出去」，單只是怨恨外甥女與她的母親就結束了。因此他會一邊節約生活一邊送錢，卻沒有好好利用好不容易存下的錢。

可是自己若能以積極的態度去看待自己「讓那個外甥女畢業了」，就會因為卸下了重擔而擁有自信。

若是以被害者意識去接受自己是「幫」兄長工作上的失敗擦屁股，就只會怨恨不感謝的兄長，該人也不會成長。

可是，若有心理韌性，就能積極接受自己幫兄長事業失敗擦屁股，即便兄長不感謝自己，也會感謝神賜與自己力量。

而且不會再重蹈覆轍那樣的事。

有沒有被害者意識是非常重大的不同處。

因為刻骨銘心地明白，為了獲得他人感謝而使用金錢是完全沒用的。能從這件事中澈底學習到這點。

因為愛去救對方、不期待感謝地去救對方，就結果來說，對方都會感謝。

可是期待著尊敬與感謝而使用金錢是沒有任何效果的。在那種情況下，大致都只會留下怨恨。

而若是像這樣做出正向的解釋並解決掉他人的問題，對該人來說，就會顯現出「品格」。

即便上了年紀也面無表情的人以及臉色精彩豐富的人之間差異，就是過去背負了多少重擔。

反過來說，逃避重擔的人中，有人最後就會變得心懷怨恨。

有精神官能症的人之所以一直都沒有自信，就是因為總是在追求安逸。不想主動承擔重擔。

想把自己的重擔讓別人來承受。

若他人不承擔自己的重擔就會怨恨。

要說是很胡鬧也是很胡鬧，但實際上就是有這種人。

譬如有時受人照顧的一方會怨恨人。

我們經常看到，比他人要求更多的人、一直給別人添麻煩的人會去怨恨他人。

總之，他們就是認為別人幫自己背負重擔是很理所當然的。

這是很精神官能症的要求。是沒有自我的人。

◆能帶來滿足的不是結果本身

即便口頭上吵嚷著：「想要有自信。」也不會有自信。

要背負重擔、辛苦奮鬥才會有自信。

有很多人即便在社會上獲得成功也沒有自信。

那是因為他們沒有背負重擔，而是掌握技巧地迴避開來，靠「幸運」而成功。可是即便獲得了那樣的成功，在活下去這點上卻一點幫助也沒有。

像那樣的成功，無法帶來心靈上的安穩。

可是，不逃避重擔而是從正面迎接並背負下來、一一解決問題的人，即便沒有獲得社會性的成功，也會有自信。可以獲得心靈的安穩。

問題不是出在結果上。而是如何去應對。

有心理韌性的人不論成功、失敗，心靈都很安定。這是因為他們對於如何應對狀況的姿態感到滿足【註16】。

丹最重要的是對自己感到自豪。

「我沒有去操控任何人。

我並沒有那麼擔心結果。

最重要的是，我在意自己的判斷。

我正直待人。

而且我的心情愉悅【註17】。」

有心理韌性的人與沒有心理韌性的人之間，就差在對什麼感到滿足。因為這樣，心情的好壞也不一樣。

因為什麼感到開心也不一樣。

有心理韌性的人重視的不是「形式」而是「心」。

那是因為他們是能耐受住地獄試煉的人。

◆能擺脫債主的人・躲不掉的人

沒有心理韌性的人，一旦別開眼不去看無能為力的自己，就會去建立超過自己能力的事業。

動機只是單純地出於想被人認為自己很棒。

單純出自於想透過成功以獲得周遭人讚揚的動機。

只要被稱讚了就能不去意識到無力感。

因此就不斷說大話。

因為是用這樣隨便的心態去建立事業，當然就會失敗。而他們並不會從失敗中學習到什麼。

債主會來到家裡。這麼一來，心底那個懦弱的自己就會顯露到表面上來，會逃家跑到某處藏身。

所謂的堅強，就是在債主來時有著要解決這件事的心態。

假設「自己的父親在別人來要債時逃跑了」。

即便問題的原因出在父親自己身上卻還是逃跑了。

如果父親當下就對討債這件事進行交涉，孩子看到了那個場景，或許也會學到應對事物的方式。

可是逃跑的父親無法教會孩子應對法。

孩子從父親那裡什麼也學不到。

有心理韌性的人不會逃避來要債的人，會正面應對。

會面對面與討債者對話，會與之碰面。

這麼一來，那樣的經驗就會成為寶貴的經驗，是一輩子都忘不了的體驗。

而且可以從失敗中學習、成長。

有心理韌性的人不只是對現實的問題，在面對情緒上困難的體驗時，也不會採取被動姿態，而會積極、主動地去應對，然後柔軟地解決。

不是被動反應，而是主動出擊。

有心理韌性的人體驗某些事時，即便在情緒上有失望，也能從中找出積極的意義。

他們也可以從面對任何事情的經驗中獲得情緒上的約束力【註18】。

平常總是說著自傲的話卻很軟弱的人，只要一碰上問題，就會一溜煙逃跑。

所謂的自立，就是有著要解決像那樣困難事態、從正面迎擊的心態。

透過解決問題，就會產生自信。

不論事業失敗幾次，都重複做著同一件事的人，在這世上有很多。

那是因為軟弱的人都會逃避解決困難這件事，因此永遠都無法從失敗中學習，永遠都不會出現有自信。

而且也無法從困難中學到任何東西。

決定性的關鍵就是對自己沒有自信。

有心理韌性的人若失敗了，會認真地反省、深思熟慮。

因為很認真，就能從困難中學習。不論是什麼樣的困難，都能從中學習。那就是有心理韌性的人。

◆仔細做小事

例如失敗時，有心理韌性的人會做出「現在不是時機」的解釋。

會學習到，必須在增強自己的實力後才能著手這分工作。

若是被極優秀的人甩了、失戀了。

有心理韌性的人會認為，現在就還不是跟那個人談戀愛的時候。自己不適合那個人。還沒有成長為像那樣的人。就算和那個人談了戀愛，對自己也沒有好處。

就像這樣，會重振心靈。

所有事情都有天時。

失敗的時候。

就解釋成現在是要付出辛勞的時候。

解釋成是在還債的時期。

總之，對有心理韌性的人來說，經常都懷著「學習的心態」。

不會搞錯自己的位置。

明明沒有實力，就不會想要做大事。

有心理韌性的人在接受治療時，也是很認真努力的【註19】。

他們在治療中會獲得對深層自我的詳查。

他們會積極參與治療。

沒有心理韌性的人，會把事情交托給別人。不論發生什麼事，都會想著：「希望幫我做些什麼。」而交給別人。就算生了病，也都託付給醫生。

在日常生活中，沒有心理韌性的人不會過著要獲得自信的生活，所以會渴求金錢與名譽。想依靠那些讓別人覺得自己很好。

總之就是想經常讓別人看見自己。然後想別開眼不去看讓自己煩惱的無力感。為了解決煩惱而想獲得人的尊敬。而且想療癒受傷的心靈。因此就會重複去做相同的事。

開始做超出自己能力的事。

搞錯了自己的位置。

無法靠自己現實的力量生活。

無法勤勤懇懇地為增加自己的實力而開始進行踏實的活動。

沒有心理韌性的人怎樣都無法理解，一一累積微小的踏實，就是堅強。

因為他們所有事都不是靠自己解決而活。

若有了解決的經驗，就能理解這件事。

沒有自信的人想輕鬆做大事。但對無法確實做好小事的人來說，是做不了大事的。

◆遇上麻煩時，人的本質就會顯現出來

誠如至今所述，為了擁有自信，就要積極接受背負的重擔、襲來的麻煩，不逃跑地努力解決。

還有一點很重要，就是要反省造成這類事態的原因。

有心理韌性的人會認真反省。

而沒有心理韌性的人則欠缺那分認真。

很多人一旦發生了什麼麻煩，就不禁會想著：「自己真不走運。」怨恨著別人而活。

可是重要的是，在發生那件麻煩事期間，要反省到原因是不是和自己的軟弱

有關呢？因此就能認識自己。

不論是哪種體驗，都能從中獲得學習，這就是心理韌性。

即便是聽演講，沒有心理韌性的人與有心理韌性的人，獲得的演講意義也完全不一樣。

沒有心理韌性的人只會批評演講，從那場演講中什麼也學不到。有心理韌性的人，一定會從那場演講中學習到些什麼。即便是上同所大學、聽同一堂課，獲得的東西也不一樣。

《伊索寓言》中有一篇〈旅人與熊〉的故事。

有朋友兩人在路上走著。

然後突然，有一隻熊出現了。

一個人很快地爬上樹藏了起來，而另一個人則躺倒在地上裝死。

熊用鼻子來回聞了聞倒在地上的那人，但他一直閉著氣。因為熊不會對死人出手，所以那個人才那樣做。

等熊離開後，另一個人從樹上下來，然後問地上的人說：「熊靠在你耳邊說了些話，牠說了什麼？」

結果，裝死的人說：「熊牠說，不要和遇到危險時不會幫你一把的朋友一起旅行。」

也就是說，這則故事是在告訴我們，我們會因發生麻煩而看清對方。

之所以認為麻煩很討厭，是因為透過麻煩，我們會看清真相。

當然，能看清的事物對自己來說有正面的時候，也有負面的時候。

有時會明白，雖然之前都不相信的人，但意外地竟是能夠信賴的人。

也就是說，透過麻煩會顯露出每個人各自的本性。

能看清承平時看不清的對象。

世界上有各種類型的麻煩。

例如假設在你周遭出現了金錢上的麻煩。

可是正因為出現了那個麻煩，你才會知道：「那傢伙是個騙子，在金錢上不能信賴那個傢伙。」

若這件事現在不知道，直到十年過後才知道，你會變成如何呢？

就這樣沒有問題地過了十年，一個勁兒地把錢花在「那個人」身上，之後，若被他不負責任地給逃跑了，你不是會面臨更糟糕的境況嗎？

拜現今出現麻煩之賜，你得知了：「那個人無法相信。」

世界上不是只有金錢上的麻煩，還有像「我明明這麼幫忙他，他卻在中間背地裡幹這種事」這類事。

也有像這樣的信任關係麻煩。

例如假設你為照顧生病的某人而奉獻。而你卻在之後得知被背叛了。你的確為了照顧「那傢伙」的病而很費力。

可是拜那時被背叛之賜，你才知道：「不管那個人再跟我說什麼，我都不可以再用心照顧他了。」

雖然被背叛很痛苦，但若能因這次的生病風波而了解了「那個人」，就能避免之後碰上更大的麻煩。

因此，若沒有遭受背叛，或許之後就會碰上更大的背叛。或許會遭受到「那個人」讓你站都站不起來的過分對待。

有心理韌性的人不論碰上什麼樣的麻煩，都會從中找出積極性的意義。

有心理韌性的人不會用被動、被害者意識、怨恨等去解釋事物。

但是，這則伊索寓言告訴了我們一個最重要的事項——雖然當下看起來有點糟糕，但從長遠的眼光來看，卻能避免發生更大的悲劇。

此外，反過來說，雖然暫時看起來很好，若用長遠的眼光來看，在那之後，有時也會成為很大的「報應」。

現在正處在麻煩中的人，請想著：「雖然辛苦，但這是通往自己幸福的道路。」

◆被捲入麻煩中的自己是否也有問題？

在碰到麻煩時，還有件更重要的事。

那就是，探討為什麼會產生這個麻煩的原因。

大致的麻煩都是因為有發生的原因才會發生。

若用之前的《伊索寓言》來說，就是為什麼這兩個人會成為朋友呢？

裝死的人若將爬上樹的人看成是很壞、薄情、不值得與他交往、被背叛了，這兩個人就會再次捲入相同的麻煩中。

或許裝死的人不會碰到像這次一樣的麻煩——爬上樹的那個人把自己給丟下了，但仍可能還會被別人給背叛。

這是因為，差點被熊殺死的人沒有發現，發生麻煩的原因也出在自己身上。

那就是，為什麼這個人會跟爬上樹的人成為朋友呢？

成為朋友的動機中有問題。有發生麻煩的原因。

那時或許是因為對自己有什麼好處，才會跟那個人成為朋友。

或許是因為什麼利己的動機才會成為朋友。

和該人一起旅行，或許是因為合於自己利害得失的計算，才會和他一起旅行。

或許是因為很寂寞、和誰都好，想要有人和自己一起旅行，才會一起旅行。

或許是因為非常喜歡那位朋友。

之所以會和那個人成為朋友，是因為心中有著想和那個人成為朋友的原因。

若沒有察覺到那件事，就恨著那個人：「唯有那傢伙不可原諒。」就又會碰上相同的事情。

如果是覺得和那個人一起旅行有好處而一起旅行，這樣的麻煩就是反省這樣自己的機會。

話說回來，反省那個人和自己開始牽扯在一起的動機，就是避免下次悲劇的方法。

這放在家族中的關係裡也是一樣的。

若將家族關係解釋成是因為血緣，所以是避不開的宿命，最後就又會經驗到同樣的事情。

這確實是宿命，所以無法像朋友或公司同事那樣避開來。

可是雖說是家人，也別想成是休戚與共，只要拉開一定程度的距離來往，就能不自覺地極力避免麻煩的旅伴。

這樣說雖然很殘酷，但因麻煩而怨恨某人時，最好要想到，之後可能會被捲入更大的麻煩中。

正視麻煩的原因出在自己內在、自己的內心，才能避免未來的悲劇。

臨死前嚐到地獄滋味的人，是沒有看出麻煩原因在自己內在而活的人。

所以臨死前的重大麻煩，就是遭受人生中最大的悲劇。

也有人在臨死前會在日記中寫下：「我看到了、看到了，我看到了之前沒看見的東西。」

可是，「看清」處在自己周圍的人時已經太遲了。

隨著年齡增長，身體變得無法活動。身體不聽使喚了。

而且還被狡猾的人們所圍繞著，對此恨之入骨，苦悶而死。

苦悶而死的人一定是悲劇性人物，但那樣的悲劇並非像是自然災害那樣無法避免的。

是那個苦悶死的人把那些狡猾的人給叫來自己周遭的。

而且在人生的道路上並沒有進行反省。

那個苦悶死的人如果也能早些看清人就好了。

可是那個時候都淨和對自己有好處的人來往，所以才走上了前往地獄的道路。又或者說是自己的狡猾才把狡猾的人吸引來自己周遭。

不論是哪一種，在被狡猾的人包圍的原因中，無法說都跟那個苦悶死的人毫無關係。

◆背負宿命，鍛鍊自我

這是我自己的故事。

為了統整親戚的借款，我曾在營業時間之外去造訪位在銀座、新橋的俱樂部、酒吧以及酒館等地。那是我還二十幾歲的時候。

那時候，我體驗到了在那裡工作的人、陪酒女郎對我的應對。詳細的情況我就不寫了，但是牽扯到大筆的金錢，在精神層面上其實是很辛苦的。

託此之福，我自己從未曾想過要到那樣的地方去喝酒。

因為我看到了華麗與春色無限世界的背後，有著不能給顧客知道的荒野。一一累積了像那樣的體驗，我才有了自信。

我當時已經在寫書了，所以知道被出版社的人帶去的表面世界。

可是我當然不知道背後的世界。

現今想來，無意中不得不面對現實的經驗，卻成為了之後支撐著我的體驗。

當然，若是用被動且受害者意識來解釋那樣不討喜的現實，那個二十多歲的體驗就不會形成我的自信。

我可能還會以受害者意識詛咒自己的宿命：「為什麼我會出生在像這樣坎坷的命運之下呢？」

可是，這樣一來，我就完全無法活用自己二十多歲時的一切體驗。

我將自己的生長環境正向解釋成：「我是背負著自己被賦予的宿命而生下來的，雖然經受了那樣的辛酸卻不認輸，也沒自殺地活了下來，那樣的宿命正好鍛鍊了自我。」於是那樣的體驗才讓我有了自信。

若沒有二十多歲這樣的體驗，我至今應該會有很多害怕的事物。

要說現今完全沒有害怕之事是假的，但至少我不會對面子那類的東西有恐懼。

若是年輕時沒有處理親戚闖下的禍而逃跑，現今的我應該還是會恐懼世人的眼光。

但是，若靠自己的氣概背負起賦予自己的宿命那個重擔，即便不大叫著人是不平等的，也能擁有自信。

即便不誇示自己的力量，自然也會有自信。

若沒有像解決麻煩那樣完成吃力的工作就想獲取自信，不論如何叫嚷著：「我有自信！我有自信！」都不會擁有自信。

又或者好不容易擔起了重擔，若以「被迫擔起」這樣的受害者意識來看待，就永遠都不會有自信。

註釋

【註1】Gina O’Connell Higgins, *Resilient Adults- Overcoming a Cruel Past,*

Jossey-Bass Publishers San Francisco, 1994, p42.

【註2】同前，p62。

【註3】"In fact, the resilient get unusually good emotional mileage out of virtually any expertence they encounter."同前，p20。

【註4】"You are rotten, or you are stupid."同前，p40。

【註5】同前，p40。

【註6】"anywhere is a better place tobe."同前，p42。

【註7】"the healthy should be masters of environment-able to work, love, play, and be eficient in problem solving"同前，p55。

【註8】"I don't see myself as a victim. I see myself as a survivor, who's done more than just make the best of a difiault situation-someone who's really thrived."同前，p59。

【註9】同前，p59。

【註10】"I see myself as a successful person, not a victim. I think of a victim as someone who's experienced great difficulty and has never been able to rise above it but has remained locked in the pain and suffering To me, that's victim, and I'm not a victim at all. That's not happened to me in my life."同前，p59。

【註11】"I can face almost anything."同前，p61。

【註12】"I guess the biggest things is the determination that I have."同前，p43。

【註13】"Unlike the term survivor, resilient emphasizes that people do more than merely get through difficult emotional experiences, hanging on to inner equilibrium by a thread."同前，p1。

【註14】"I also found that they tend to negotiate an abundance of emotionally hazardous experiences. proactively rather than reactively, thus solving problems flexibly; they make positive meanings out of emotional disappointments; they effectively recruit other people."同前，p125。

【註15】“The resilient are characterized by a deeply held conviction that that deserve love.”同前，p125。

【註16】“Whether I win or lose in whatever the situation is I just feel good about the style in which I approach it.”同前，p62。

【註17】“I don’t try to manipulate others; I don’t so much worry about the results as I think about my own ethics.”同前，p62。

【註18】“More dynamically, they remain fercely committed to reflection, new perspectives and ongoing therapy. In fact, the resilient get unusually good emotional mileage out of virtually any experience they encounter.”同前，p20。

【註19】同前，p20。

4 即便不幸，也能再度獲得幸福

◆心理上愈是生病就愈是無法學習

有的人會積極解決問題，有的人則很消極。治療時，有心理韌性的人相當深思熟慮。會參與找出新見解，確實參與正在進行的治療。

有心理韌性的人，在治療中會獲得深層的自我理解。

他們在治療中會想要積極地解決問題而辛苦奮鬥【註1】。

總之，有心理韌性的人的學習心態，堅定得動人心弦。

即便在同一所大學中聽同一門課，沒有心理韌性的學生也會一副了不起的模樣說：「那堂課真無聊。」最後完全沒從課堂上學到東西。

有人會立刻批評別人說的話，無法從他人那裡學習到東西。

那就是沒有心理韌性的人。

不學習的人會以不學習的心態而活。害怕自我價值崩壞，虛張聲勢的說：「自己就是這麼厲害！」使用著生存的能量。不會把生存的能量用在學習上。

學習的人是用學習的心態生活。很坦率。學習的人很坦率，坦率的人很容易從他人那裡獲得善意。

透過向自然、向動物學習，就能振作起來。學習能活出有意義的人生，是極為重要的。

但是人的心理若是生病了，病得愈嚴重就愈無法學習。要恢復受傷的心，就要學得更多，但卻愈是不去學習。

不如說之所以無法學習是因為心靈的疾病。這是為什麼呢？

只要試著思考一下小時候孩子與老師之間的關係就知道了。

長大成人後，討厭的老師與討厭的科目就另當別論，喜歡的老師與喜歡的科目也另當別論。

可若是小孩子，對於討厭老師教的科目也會討厭。

也就是說，心理上幼稚的人，很難從討厭的人身上學習。

心理上生病的人，總之就是會對周圍的世界有敵意，因此難以學習。

不論是碰到誰都有可學習的東西，就像反面教材這句話所說的一樣，只要想著要學習，就能從任何人那裡學習到東西。

可是自我防衛心強的人不管怎樣都會批評人。

這就誠如心理學家喬治・溫伯格*（George Weinberg）所說的，最後的防線就是去批評別人。

這麼一來，在心理層面上生病的人就無法向任何人學習。不論與誰接觸，都不會學習。

不僅是人，面對書本時也是這樣。只要有學習的心態，不論從哪本書中都能獲得學習。可是若沒有學習的心態，自我防禦心很強，不管怎樣都會先批評，所以不論讀了什麼都無法學到東西。

在網路書店上點開了一則書評，想要療癒心靈創傷，可是卻沒有從閱讀到的書本中獲得任何東西。

自己可以從這個人身上學到什麼呢？若能這麼想著去與人交往，就會有能學到的東西，但是害怕自我價值崩壞而有所防禦的人，首先會做出批評。

即便和同一個人接觸，心理健康的人能學到東西，但心理上生病的人則學不到。在心理上生病的人，首先會批評：「那些東西真無聊。」因而什麼都學不到。

面對動物時也一樣。面對自然時也一樣。

若有敵意，就什麼都學不到。

---

*譯註：喬治・溫伯格（一九二九～二〇一七年），猶太裔美國心理學家。創造了「恐同症」一詞。

◆憂鬱症患者不會想要自救

我認為，憂鬱症難以治療的其中一個原因就在於：「不會想去學習。」

因為憂鬱症的本質是隱藏著的敵意。

即便是閱讀了有機會能治癒自己心靈的書本，心理生病的人也不會學習。

心理健康的人會學習。

只要有學習的心態，不論是面對自然、課堂、書本還是其他人，都能從各種地方學習。

可是，罹患憂鬱症的人因為心懷敵意，所以不會學習。首先他們在下意識中對人有所怨恨，會因為這分敵意而對對方的言行舉止做出反應。在學習之前，在聆聽對方說話之前，就心懷批判。

有句名言是：「天助自助」。因為有自救的意志，周圍的人也才能幫助自己。

這就是有心理韌性的重要因素，也是能獲得他人幫助、照料、好意的原因。

可是有敵意的人會因為身陷憂鬱而想要對身邊的人進行復仇，所以周圍的人也難以幫助他們。

罹患憂鬱症的人會拒絕別人的幫助。因為拒絕，面對周遭的人就會想要一雪至今為止的怨恨。因此，即便周遭的人想要幫助他，也難以幫上忙。

因為想要從現今的辛苦中逃跑也是真心，若能察覺到自己心底的敵意，能側耳傾聽他人的話語，事態就會好轉。

若能察覺到展現出不幸、想要對周遭世界復仇的醜態，側耳傾聽他人的話語，就能進入不一樣的世界。

這就是有心理韌性的人與會罹患憂鬱症的人決定性的差異。天國與地獄的區別就在於，是否擁有能獲得他人幫助或照料的心態。

◆因為想立刻回答而有批判性

學習者就是哈佛大學教授艾倫·蘭格所說有正念的人。

保持正念的人據說人生中的麻煩比較少。

若讓我來說，心理韌性就是學習的態度。有心理韌性的人是有學習態度的人。有心理韌性的人不論處在什麼樣的狀況下，都會思考：「接下來要學些什麼呢？」即便失敗了也會想：「可以從這個失敗中學習什麼呢？」即便遭遇了困難也會想：「這個困難教會了自己什麼？」有心理韌性的人會想：「失敗會因著應對方法的不同而成為失敗或是成功。」

有心理韌性的人會想著：「只要改變視角，不好的事情就不會是不好的。」

可以因著應對的方式而變成好事，但有時也會更形嚴重。

不好的事情就像竹節，或許會成為之後長出新芽的契機。

有心理韌性的人經常會思考對策。

因此，有心理韌性的人即便處在困難的狀況下也會想要克服一切，即便遭遇挫折也會想振作起來。

有心理韌性的定義現在雖還沒有確定下來，但根據研究人員克拉克表示，那是「即便處在困難的環境下仍會正常成長」。又或者說是：「有應對人生挫折的能力。」【註2】

人生中充滿著困難。人生中無可避免會有挫折。

因此問題就出在應對的能力上。

應對能力有幾個要素，其中一個就是學習的態度。是傾聽人說話的態度。

有著嚴重自卑感的人，不管怎麼說都是沒有學習的態度。

一旦心靈生病了，就更沒有應對的能力。

只要與人說話，就能從那場溝通中得出應對的智慧，但心靈生病的人首先會做的卻是批判。那是自我防衛的價值。

心靈若愈是生病，就愈是找不到恢復的契機。心靈愈是生病時愈需要心理韌性，可是一旦心靈生病了，反而更加會失去心理韌性。會失去回復力。

為了學習，一定要坦率。但是即便對有嚴重自卑感的人說：「要坦率。」也是件強人所難的事。

若是無法坦率的人來看，他們只會覺得是「沒有任何人理解自己的心情」。

比起財富、學歷，活下去最棒的武器就是坦率。若能坦率，好歹能解決自己的各種問題，總能熬過人生。

可是再沒有什麼是比變得坦率更難的事了。或是心懷偏見、或是彆扭、或是堅持己見、或是惹人嫌、或是保持偏見指責自己以外的所有人，這些做法明顯在心理上是比較輕鬆的。

比起在痛苦時期坦率，以嘲諷的態度面對世界，明顯在心理層面會比較輕鬆。自我價值的防禦受到威脅時，批評人是最輕鬆的。比起承認現實，否定現實在心理上輕鬆多了。

有心理韌性的人莫名地很坦率。

有心理韌性的人與憂鬱症患者最大的不同之處在於「有・沒有」憎恨。

若心懷憎恨，就無法變坦率。因為心懷憎恨而無法溝通。即便有著相同的體驗，有心理韌性的人也能從中學習、振作起來，而心靈生病的人則會更加消沉。

心懷憎恨的人，有很充分的理由懷有憎恨。並非因為喜愛才心懷憎恨的。

學歷無法救人，但若研究學問就有可能獲得救贖。

總之就是積極地「試著去做看看」。這麼一來就能看見光。

學習到自己為什麼會心懷憎恨呢？

那就是學問。

那就是「領悟」。

要從人際關係的麻煩中學習。若想很快回答出答案，就無法理解。

◆想著「要再度變幸福」

要成為有心理韌性的人還有很重要的一點，那就是溝通能力。

我認為，心理學家阿德勒所說社會情感的內容就是溝通能力。

只要有溝通能力，總能解決人生中的各種問題。

有心理韌性的人為什麼擅長於構築人際關係呢？那是因為他們有溝通能力。

而會破壞溝通能力的就是憎恨這個情感。

最恐怖的則是壓抑這分憎恨的情感。

因此就會完全失去心理韌性。變得反應被動。

寫了一封給在戰爭中失去父親的女兒的信。

美國總統林肯寫了一封給在戰爭中失去父親的女兒的信。

其中寫到了：「我不認為妳能從悲傷中被拯救出來。可是妳一定會再度獲得幸福。」【註3】

不論多艱辛，「會再度變得幸福」這樣的想法就是有心理韌性。

認為不可能會變成那樣，或是認為會變成那樣都是個人的自由。

相信「能變成那樣」就是有心理韌性的精神。

心理韌性是各種美德中的一種，而林肯就實現了這點。

他身為總統，處在最困難的南北戰爭時期，他說：「我不能說自己控制了事態，是事件控制了自己。」

儘管如此，他還是去尋找成功的機會，沒有絕望。

據說林肯本來是憂鬱型人，一輩子都為慢性的憂鬱症所苦。

可是他仍確實面對現實，總是會去克服一切。

那就是先前信上所寫的「一定會再度變得幸福」以及「相信的力量」。

本書中所寫的正是這些道理，在懷疑是否真是如此前，為了讓自己變幸福，請思考一下該如何來解釋人生吧。

連林肯都有憂鬱症。

所以我們也能克服困難的。只要能培養出心理韌性。

◆與「成為重擔的人」斷絕往來

有人是活在虐待者包圍之下的。

有位三十歲女性的過去就是一場悲劇。

她的父親有酒精成癮症還會毆打她。她三十六歲的兄長也會毆打她。

母親是賭博成癮症。她的母親也會虐待她，對她暴力相向。

因為父親的暴行，母親懷上了自己。

因此母親很憎恨自己。

雙親已經離婚了。

這名女性即便去精神科拿藥吃也無法痊癒。

母親靠從事特種行業維生。回家後，就會把電視的聲音開得很大聲，然後哇哇大叫。

其實那樣叫嚷的狀況對這名母親來說是「在子宮中的經驗」。

母親本身在沒有被愛的情況下成長，所以無法成為母親。

要拯救這名三十歲的女性，完全就是得要培養心理韌性。

也就是自己是否能想著：「若家裡沒有愛，就只能往外尋找。」

即便是受虐的家庭，有心理韌性的人也會打造在家庭外能信賴的伙伴。那就是救贖【註4】。

她的情況就像是被迫做出選擇的人生，看是要走上背德之路，還是變得有精神官能症，亦或是成為展示人類偉大可能性的例子。

這名女性既不怨恨這世間，也沒有責怪。不詛咒也不責備自己的命運。

不論她之後犯罪，還是變成精神官能症，或許會讓人覺得在某種程度上也是莫可奈何的。

但是只要相信「我是為神所愛的」，或許就會邂逅能實現人類可能性的人生。

這名女性就這樣待在家裡，即便去精神科拿藥吃也治不好。

要用 You can fight back 來與虐待自己的家人奮戰。

要找工作，總之她就是應該要離開家。

她要開始祕密做這些準備。
因為家人若是知道她準備要離開家就會妨礙她，所以要默默進行準備。
首先要在心中斬斷與家人的關係。
現今，家人的感情成了垃圾堆。
You can fight back 就是拒絕成為垃圾堆。
總之就是要離開那些人。
要是就這樣保持不變，終會被殺。
既然如此，還不如戰鬥而死。
挺起胸膛奮戰。
因為戰鬥，就會有自信。
現在之所以沒有自信是因為不戰鬥。

◆為了能遇見「值得信賴的人」

有心理韌性的人是在某處如何深植下自己是被愛的這種堅定自信【註5】？

或許這只是少數人，但現實中畢竟是有著有心理韌性的人的。

這些人在偶然間遇見了雙親以外能信賴的人。此外，那些人的行動在見面後是值得信賴的。

若對人說：「這給你。」就真的要把東西給人。若說了：「我們分開生活吧。」實際上就要開始和那個人分開生活，不要相互依靠。

雙親不是能信賴的人，是殘酷的人。

可是我們會在某處遇見真正能信賴的人。而在那之後，也會做出能讓那人相信自己的相應言行舉止。那不就能強化「我是值得被愛的」的確信嗎？

不過，若是被沒有愛的雙親扶養長大，幾乎所有人都不會確信著：「我是值得被愛的。」

認為誰都不可信而活了三十年的人，以及即便只有一個可信賴的人而活了三十年的人，會長成為完全不一樣的人。

不論表面上、社會上如何，在潛意識世界中有沒有可以信賴的人，這兩者之間的差異，會讓人變得完全不一樣。

在人生初期階段遇見有愛的人，並且能相信那個人的孩子，與無法相信任何人而活的孩子，這兩個孩子會成為完全不一樣的人。

前者在那之後會成為值得人信賴的人。

而後者則無法成為值得人信賴的人。

只要自己不是值得信賴的人，就無法相信任何人。

即便遇見了值得信賴的人，也無法相信。

這麼一來，就不是會遇見什麼人的問題，對那個人而言，不論是誰或他自己本身，都是無法信任的人。

只要自己是戴著面具而活的，自己就無法相信自己，最後也無法相信任何人。

能不能遇見能信賴的人是非常重要的要素，但問題則是在那之後。

遇見能信賴的人之後，不僅自己能成為有心理韌性的人，甚至在這美好相遇之後，也不會體驗到沉重的壓抑感，也就是能相信自己。

不會偽裝自己而活，會相信著「善」。

與此相對，即便遇見能相信的人，處在不幸環境中，經歷過各種壓抑的人，也無法活用那樣幸運的「遇見」。

結果不得不隱藏起「真正的自己」而活。

只能偽裝自己活下來。

因為知道在目前為止的人生中，周圍的世界無法接受「真正的自己。」

但對此，能活用那分相遇的幸運的人，即便在經濟上、社會上沒有受惠，也能以「真正的自己」活下去。最後就能成長為有心理韌性的人。

有心理韌性的人，堅定地確信著自己是值得被愛的。雖然有各式各樣的迷惘，但最後仍會登上我是值得被愛的岩盤上【註6】。

◆靠自己的意志走出「地獄」

心理韌性是與「反正」相對的。

不要說「反正」。

若說了：「反正我就是……」人們就會遠離你。

說「反正」的當下會比較輕鬆。可是，因為說「反正」，就會錯過了漫長人生的幸福。

心理韌性的研究者希金斯問過西博：

「回顧妳的人生，必定是有著許多嚴苛的經歷。在那之中，妳人生中強烈的希望之光在哪裡呢？」

結果她立刻給出了回答：

「那就是聚焦在愛我的人身上而活。我的阿姨、我五年級時的老師、我朋友的雙親。

這些人讓我感受到了我的存在是有意義的。」【註7】
要確信著「有幸福的人生在等著我」並斬斷與家族間的關係。
相信著「在某處會有個對我更好的環境」並離開家。
遇見代替家人給自己愛的人、與該人相關的人，讓自己感受到了有活下去的價值。
受到身體體虐待長大成人的人，的確有著嚴酷的人生，在殘酷人生中過活的，不是只有這些人。
出生後，總是不斷被持續灌輸「你沒有活著的價值」這類破壞性訊息的人，也是過著殘酷的人生。
這些人也是經歷過地獄的試煉，所以不會認為「我有活下去的價值」。
但是有心理韌性的人則相信有著良善的愛，而自己能抓住【註8】。
無法培養出有心理韌性的人，在確認有沒有良善的愛之前，無法想像「良善的愛是什麼」。
生在地獄、長在地獄的人，無法想像地獄以外的世界。無法想像有地獄以外的世界。

有的人是不斷承受著肉體上的虐待而成長，但也有人把地獄認為是天國，在心理層面上出了毛病而成長的。我無意去議論哪一種比較痛苦。那沒有意義。

儘管如此，不論是哪一種人生，人都不會變幸福。

如果能從現今所處的世界脫身而出，心就能從現今絕望的世界逃脫出來。

過去的人生太過辛苦，而且心靈毀滅了。現今的狀態就像是鬣狗在尋找腐肉而聚集起來的樣子。

將自己的悲劇當成目標。不論是小說、繪畫，或是什麼都可以。如果被稱做「創作性不適應」的生活方式是可能的，就深入進去。

那時候應該也會有可信賴的同伴。總之，與人連結很重要。

在受虐的家庭中，有心理韌性的人會在家庭外結交能信賴的伙伴。那會成為救贖。而沒有心理韌性的人，無法在家庭外結交能信賴的伙伴。一直拖著地獄而活的人也一樣，會結交無法信賴的伙伴。

別害怕，要面對真實。

◆不執著於自我的人的模樣

儘管身處逆境，有恢復力的人就是被稱做有心理韌性的人，最重要的是，他們知道自己的位置。因此會擅用自己所擁有的能量。

因為知道自己所處的位置，所以能獲得他人的體貼，能獲得他人的好意。

有心理韌性的人的人際關係很圓融，理想環境也會一一出現。

因為能克服依賴心，所以擅長獲得他人的援助。

不僅是被愛、有所獲得，自己也會為了對方而想要做些什麼的態度。

會關心對方就是不會自戀，不會我執【註9】。

這是非常了不起的。

一般而言，若是沒有獲得父母的愛，或是被虐待長大的，產生我執是理所當然的。生而為無能為力的人，沒有誰來保護自己，所以執著於要保護自己，執著於自己。

不會去考慮別人，會去要求他人的保護，這些都很理所當然。
可是有心理韌性的人卻不會變成那樣。再沒有比這更不可思議的了。

◆如何掌握人際關係的距離感？

有心理韌性的人有好幾個地方與有精神官能症型要求的人不同，例如以下的幾點。

一、祈禱。產生出依靠自己力量的態度。
二、善用擁有的東西。開心使用自己能力的體驗。
三、獲得足以取代母親的自然療癒。
四、知道人際關係的距離感。知道對方與自己間的關係。

不會想去理解對方、不知道對方的立場、不知道自己的位置，這就是有著精神官能症型要求的人。

向不是母親的人索求在生物性意義上同於母親的東西、對那個人冒出獨占欲、要求對方重視自己更甚於他的孩子，這就是背負著殘酷命運出生的人。

當不是父母甚至是陌生人為自己做了些什麼，因為「這個人幫我做到了這種程度」而湧現出感謝的心情，這分感謝的心情就會連通到信任人一事上。

因為知道對方與自己的關係而湧現出感謝的心情，然後與那個人之間的人際關係就能順暢進行，一一打造出期望的人際環境。這就是有心理韌性的人。

有心理韌性的人與沒有心理韌性的人對認定理所當然的事情並不一樣。

心理學家阿德勒說過，別把什麼事都想成是理所當然，有心理韌性的人的確不會把所有事都想成是理所當然。

例如保育員照顧孩子時會幫他們做各種事。

不過，有精神官能症型要求的人不會心懷感謝。

有心理韌性的人會因受人照顧而心存感謝。

而處在煩惱中的人，他們沒有人際關係的距離。

人際關係的距離之所以必要，是因為人類是矛盾的存在。會包容一切的，只有母親與幼兒間的關係。

有精神官能症型要求的人，因為不知道自己的位置，不論在社會上還是肉體上都會向關係較遠的人提出無理的要求。也就是說，所提出的要求是本來應該向關係親近的人所提出的。那正是因為這類人沒有經驗過如和母親之間那樣親近的距離。

精神官能症傾向強的人，會把向關係遠的人借來的東西當成是自己的。若看成是母親與幼小孩子間的關係就能理解。

可是有精神官能症式要求的人，面對關係較遠的人也一樣會這樣。

不返還借來的物品。要是被要求返還就會生氣。

因此，有精神官能症式要求的人，他們的人際關係就會變糟。

將人們關入上鎖房間中的正是我執。

與佛洛姆・賴希曼*（Fromm-Reichmann）所說，向無差別對象渴求愛情相反的，就是心理韌性。

即便有著相同的體驗，有一方的人會想著：「就算用盡一生也報不了恩。」然後因為那樣感謝的心情而變得幸福。

另一方的人則因為期待對方會幫自己做更多事卻被背叛了，而會感受到：「即便只有一個人，也想多殺點人。」如此大的恨意。

心理韌性的核心就是感謝的心。

因為知道人際關係的距離。

因為這個人為我做了這些而充滿了感恩。

但精神官能症患者沒有感謝的念頭。

有心理韌性的人則會感謝。

對方親切地為自己做了某些事。例如給了自己簡便的伴手禮。有心理韌性的

*譯註：佛洛姆・賴希曼（一八八九～一九五七年），德國精神科醫師，是心理學和思覺失調症治療領域的女性先驅。

人會開心地覺得：「他還有想到我，有惦記著我。」

並且這分小禮物感到感謝。

精神官能症患者則不滿於：「就只給我這麼點東西。」精神官能症患者對初次見面的人會提出如對父母提出的要求，所以會不滿，永遠都無法建構滿意的人際關係。

有心理韌性的人能獲得他人的照料。

而他們會培養出比過去所經驗過世界更能夠感到滿意的人際關係願景。

依據不同調查會有不同的結果，但根據某項調查顯示，有心理韌性的人，在孩提時代、青春期、成為大人後都能保有具共鳴性的親近關係【註10】。

◆不要錯把自己想成是「我很特別」

我們接著來談前面說過關於有人給了自己簡便伴手禮的事。

有心理韌性的人會很高興的覺得：「他還有想到我，有惦記著我。」然後對那分小小的伴手禮心懷感謝。

可是我執很強的人卻會對此感到：「我對那個人來說不是特別親近的人。」不會心懷感謝。因為他們會認為，對對方來說：「我應該是特別的人。」

然後從「我是特別的」這個自己的角度去思考對方的事情。

對「特別的我」來說，期待著對方會帶給我與別人不一樣、特別棒的伴手禮。所以會感到不滿。

把自己關進不幸房間並上鎖的，是我執。

我執強的人也是自戀者。

和某人一起用餐，最後是由他人付錢。有心理韌性的人會心懷驚喜與感謝地想著：「那個人請我吃飯了。」因為有人際關係的距離感，所以能理解「那個人的好意」。

但是我執強的人，沒有人際關係的距離，所以不會感謝，並且會認為：「我和那個人是特別親近的關係。」錯以為彼此之間是「特別親近的關係」，那也是自我陶醉。

同時他們不會心懷驚喜與感謝地想著：「那個人請我吃飯了。」而是會不滿道：「才只請了這樣。」

我執強的人不理解「那個人為我做了這些」的人際關係。

有心理韌性的人會恰如其分地融入現實中。

而與之相反，我執強的人會進入想像的世界，進入「我很特別」的世界。

因此會把願望與現實想成是一件事。搞混我執的欲求與現實。

我執強的人會屈服於「想那樣」的願望，認為眼前出現的事「應該要這樣」。

因此無法融入現實。所以會接二連三感到不滿。會因沒有獲得特別待遇而感到不滿。

對方重視他人更甚於自己就不滿。

漸漸對對方撒嬌。

總之就是單方面搞錯自己的位置，以為：「我對對方來說是很特別的人。」所以陸續對對方的言行舉止感到不滿。

即便體驗到別人為自己做了同一件事，有心理韌性的人會感謝，我執強的人則會不滿。

有心理韌性的人最重要的就是有人際關係的距離感。這是重點。

他們會驚喜與感謝著：「那個人為我做了這件事。」

「那個人」不是自己的母親。「那個人」不是青梅竹馬。雖是這樣，「那個人」還是為自己做了這件事，對此感到驚喜與感謝。

我執強的人，沒有人際關係的距離感。認為並非青梅竹馬的「那個人」幫自己做事是很理所當然的。

因為「那個人」不是從年輕時就開始交往的好朋友，卻幫了自己，所以會想著：「自己就和那人的好朋友一樣。」

明明不是很親近的人，卻錯以為是很親近的人。
因為單只是把心思放在為了解決自己心中的糾葛上。
因為寂寞而想要有親近的人。結果「那個人」就成了親近的人。
因為被自己心中的糾葛奪去了注意力，所以沒去關心對方。
除了自己，周遭空無一人。周遭的人都只是為了彌補自己心靈糾結的道具，對方不是為了其本身而存在。對方全都是「為了我」而存在。說得難聽些，就是他者的自我化。

◆擺脫「世界應該為我服務」的想法

我執強的人去關心他人這件事，也就是所謂的「典範轉移」。
明白他人的努力，理解他人在看不到之處做的努力，因此不會有嫉妒。
所謂的感謝對方，就是關心對方的證據。因為能理解對方做的事，所以感謝。

我執強的人，沒有感謝對方的心。那是因為不會去關心對方。對方為了做「這件事」，在背後做了多少準備，這是要關心對方才能理解的。不關心對方的人，就只會關心別人為自己「做了什麼」。無法理解旁人背後看不見的努力。

我執強的人，總之就是只關心自己欲求有沒有被滿足的自我欲求而已。關心對方做事過程的人不會嫉妒對方。關心對方努力過程的人，就是關心對方的人。

對我執強的人來說，這些全都是典範轉移，是從無心（mindlessness）變成有所覺察。

精神官能症患者也會忘記別人幫自己做過的事。沒有感受到別人「幫自己做了某件事」。完全就是 The world should be at my service.（世界應該為我服務）認為他人幫助自己是理所應當的。很像是把對自己的執著錯認為是「愛」。明明是自己榨取而來，卻錯以為是被給予的。

本應該要尊敬對方，卻完全沒有尊敬對方。只是透過誇示尊敬而想要操控對方而已。

唯有心中有糾葛的人，才會顯示誇大的尊敬。

對方能感覺到這些。對方會感受到我執強的人潛意識中心靈的糾葛。因為受到的尊敬被誇大化了，結果感到有些不愉快。

可是執著的人不認為自己的「尊敬」會讓對方感到困擾。

◆停止對所有人都擺出好臉色

有心理韌性的人是有生產性的。那是因為會觀察對方。

沒有心理韌性的人、處在煩惱中的人不會觀察對方。

處在煩惱中的人會無差別地對所有人都擺出一張好臉色。

例如有位大學生讓其他學生看他的報告。那其中就含有各種動機。

一、出於好心。

二、害怕被討厭。

三、想獲得他人的好意、想獲得關心，因為有孤獨感。

四、出於不安的迎合、討好。有時也是奉承。

五、出自精神官能症型對愛的要求。

處在煩惱中的人對所有人都會擺出一張好臉色。

即便並沒有人對他說：「給這個人看。」

處在煩惱中的人雖認真努力，但人際關係卻沒有深入。周圍淨是聚集些厚臉皮的人。

他們沒有人際關係的距離感，惡質的人都會聚集在他身邊。

對愛有著強烈飢餓感的人，會對所有人都渴求愛。

結果只是加深了絕望而已。

親切的動機也是對愛的飢餓感。

人不是因為行動而變幸福，而是因為動機才變幸福或是不幸。

沒有心理韌性的人、處在煩惱中的人、無心的人、精神官能症傾向強烈的人，這些人因為想被喜愛而行動，最終才強化了自己的無價值感。

有多麼恐懼於孤獨的恐怖感呢？

每天的言行舉止會形成自我。

在每天的行動中，該人就表現出了弱點。

心情很快會紛亂起來。

因恐懼孤獨而採取討人喜歡的行動時，並沒有意識到要付出多大的代價。

那個時候，自己就會變得總是為不安的緊張而煩惱。

可是卻不知道為什麼會這樣。

處在煩惱中的人沒有人際關係的距離感。

對厚臉皮的人也擺出一副好臉色。必須得擺出好臉色。

那就像是戀愛上癮症一樣。

不去觀察對方，自動就擺出好臉色。

若借用哈佛大學教授艾倫・蘭格的話來說，是無心地擺出好臉色。

《燃燒症候群》（暫譯。*Burn out*）的作者赫伯特・弗洛伊登伯格（Herbert Freudenberger）說，愈是對自己情緒封閉心靈的人，愈是無法理解他人的心情。

能感知到他人心情的能力，就是能理解非語言性的溝通【註11】。

◆不要和會讓自己內耗的人來往

沒有自我察覺的人不會變幸福。

因為看不穿他人。

有心理韌性的人會觀察他人，因為他們能把心轉向自己的情緒上。

因為知道「這個人不行」，所以不會對那個人擺出好臉色。

因為這個人是冷淡的利己主義，不論如何盡力誠實都沒有意義。他們能理解這點。

因為這個人是個誠實的人，所以覺得必須要誠實以對。

有心理韌性的人會像這樣觀察對方，所以努力會有成果，能加深人際關係。

他們不會採取像精神官能症型那樣非利己主義的態度。

精神官能症型非利己主義的人不會去觀察對方，只會一味盡力想討人喜歡，所以會因為人際關係而消耗精力。

戀愛上癮症的人也是，不論多努力都只是在消耗精力而已。

人際關係不深厚、努力無法與喜悅連結，那都是因為不去觀察對方而渴求愛。

沒有心理韌性的人明明非常渴求愛，卻會去到沒有愛人能力的人身邊。因此不會遇見能取代雙親的愛。就像帶著滑雪用具前往佛羅里達一樣。

若和心理層面異常的人進行正常的交往，就只會消耗自我而已。

若想和有精神官能症的人正常交往，就只會把自己消耗殆盡。

面對精神官能症的人，若是想貫徹到底地認真以對，一定會出現「糾紛」。

有心理韌性行事是慎重，會看透對方。

以下的事例就是無心的情況。

雨停了，有人卻仍撐著傘。

即便狀況改變了，卻做著同樣的事。做著沒有意義的事。

艾倫・蘭格教授說，無心的人是：「某時在某個情況下的行動是有意義的，而在其他情況下，那是完全沒有意義的，但即便在那樣的狀況下，他們也會採取同樣的行動。」

自己的這種反應是正確的嗎？

處在煩惱中的人，一定要經常思慮這點。

小時候處在對愛有強烈飢餓感的人之中。

現在則處在會給予人愛的人之中。

以前是處在有戀愛上癮症的人之中。

現在則不同了。

可是，面對同樣的刺激會做出相同的反應。

沒有心理韌性的人，狀況明明改變了，卻會做出同樣的反應。

有心理韌性的人面對現今的刺激會以現今自己的狀況來做反應。會觀察周遭的人。

精神官能症患者一門心思都在心靈的糾葛上，所以無法看向周遭的人。

◆「為解決問題而努力」才會使人改變

所有人都經歷過辛苦，誰都有過困難，任何人都曾遭遇悲傷。因此問題在於是否會為這些事情煩惱。

處在煩惱中的人不會努力想要解決問題，所以那些事會變成煩惱。

處在煩惱中的人會說：「告訴我有什麼輕鬆生活的方法吧。」

不是媽寶的人會想要解決困難，因此不會一直耿耿於懷地煩惱著。

會努力想要解決問題。正因為做出了努力，不論是什麼樣的結果，都能接受那樣的結果。

此外，人會因著努力想要解決的過程而改變。

也就是說，比起解決了這件事，更會因為該人的成長而不再煩惱那件事。

處在煩惱中的人沒有為解決問題而努力，也無法接受最後的結果。一直都只是處在煩惱中而已。

也就是說，因為不努力，那個人本身就不會改變。

例如我說：「處在煩惱中的人是媽寶。」

結果他們又會去求取簡單的解決方法：「該怎麼做才能改善自己是媽寶的情況呢？」

這些人全都想要簡單、不辛苦地輕鬆解決。

「羅馬不是一天造成的」。

處在煩惱中的人不想承認：「自己也只能和他人一樣努力。」

渴求只為自己特別準備好悠閒的人生。

無法覺悟到，就像別人的人生中會有困難那樣，自己的人生中也會有困難。

要求唯有自己的人生不要出現困難，所以人生永遠都有許多煩惱。

就像他人在事業上失敗了一樣，自己也在事業上失敗了。

就像別人經歷了失戀一樣，自己也失戀了。
就像別人從高昇之路上被剔除了，自己也被剔除了。
處在煩惱中的人不承認這些，所以總是有煩惱，所以總是在後悔。
就像別人被騙了一樣，自己也被騙了。
不可能只有自己總是只被誠實、有良心的人包圍著活在這世間的。

註釋

【註1】Gina O'Connel Higgins *Resibient Adults Overcoming a crue! Past,* Jossey-Bass Publishers, San Francisco, 1994, p20.

【註2】Ann Clarke and Alan Clarke, *Human Resilience A fifty Year Quest,* Jessica Kingsley Publishers, 2003, p23.

【註3】"You are sure to be happy again." Alan Loy McGinnis, *The Power of Optinism,* Harper & RowPublishers, 1990, p116.

【註4】Gina O'Connell Higgins, *Resilient Adults-Overcoming a Cruel Past,*

Jossey-Bass Publishers San Francisco, 1994, p83.

【註5】“We do know is that tsomehow.

, somewhere, these people become anchored within unshakable conviction that they deserve love. They also trust that good love exists, and they find it.” “My subjects were stikingy characterized by their deeply held conviction that they deserve love.”同前，p88。

【註6】unshakable conviction that “Somehow, somewhere, these people become anchored within they deserve love.” “They also trust that good love exists, and they find it. They may self-accused, self-rejected, or even self-loathe from time to time.” “But at the bedrock, they still know they are worth loving and being loved by another hurnan being.”。同前，p88。

【註7】“I asked Shibvon,” “Looking back on your life, you can certainly say it has a lot of darkness.Where are you the strong point of light for you?" She quickly focused on recruited love. "My aunt, My fifth-grade teacher.The nuns Some of my girlfriend's parents. She really made me feel like I mattered."同前，p39。

【註8】同前，p88。

【註9】同前，P13。

【註10】"They have sustained empathically attuned, close relational ties in childhood, adolescenoe, and adulthood including those they formed with parental surrogates."同前，p20。

【註11】Daniel Goleman, Emotional Intelligence, Bantam Books 1995, p96.

5
下定決心開創美好人生

◆狡猾的人不再靠近的原因

有名女性下定決心要離婚。她說丈夫簡直就是：「在外一條蟲，在家一條龍。」因此決心離婚。

但是在提出離婚時，丈夫整個人為之一變。

從洗衣服到做菜，包辦了「可以不用做到那地步」的家事。
丈夫在家不再是龍。
這名女性直到決心離婚前，丈夫都在向妻子撒嬌。
但是妻子安靜地下了決定。
而這個決定是很認真的。

以下是同樣的情節。
某名女性從小就備受欺負，連丈夫也欺負她。
因此她決心離婚。那分決心是認真的。
她想著：「之後要自己一個人、靠自己的雙腳前行。」
她下定決心要「自己守護」孩子。
如此一來，周圍欺負自己的人，就消失得一乾二淨，不知道到哪裡去了。
提出離婚申請時，她說：「我就像朝著光明走去般，前方是光輝燦爛的。」

欺負人的人會欺負不戰鬥的人，會欺負沒有戰鬥精神的人。
欺負人的人不會欺負會戰鬥的人，不會欺負有戰鬥精神的人。
要是由有心理韌性的人來說，就是You can fight back。
她認真的決心讓周圍欺負她的人都不會再靠近。
她完全就是有著心理韌性。
她今後要擔負著孩子而活。可是她下定決心，要「自己來守護」孩子們。
有心理韌性的人有一點非常的厲害，就是有「決心」。
有位有心理韌性的人說過以下這句話：
「我認為，我所擁有最大的東西就是『決心』。」【註1】
會欺負她的人在她決心離婚後就消失。
狡猾的人會聚集在沒有決心的人身邊。
說著：「我所擁有最大的東西就是決心。」的人，也還會說：「我能戰鬥。」
會說：「我要是被整了，能整回去。」
You can fight back【註2】。

◆毫無憑據地相信「樂觀主義」

丹小的時候很害怕被父親毆打。

他覺得自己會被殺掉，於是他躲到了床下。

那是他四歲時候的事。

因為他很幼小，所以沒有被找到【註3】。

之前提到過的丹跟西博都堅信事實只有一個，那就是自己一定會獲得解放。

並且相信在這世界上，有個更棒的地方。相信一定有個更美好的地方【註4】。

若非「堅信事實只有一個，就是自己一定會獲得解放」，就不會像先前那名女性那樣，在提出離婚申請的時候，想著：「就像朝著光明走去般，前方是光輝燦爛的。」【註5】

心理韌性是信念的深遠型態【註6】。

總之最後是堅固的信念。

是與現實世界相背離的經驗。

是「說著『會變成這樣』的樂觀主義者，說著『一定會變成這樣』的樂觀主義者」。

例如在觀察人時，沒有心理韌性的人會說：「那人不可信賴。」有心理韌性的人會說：「那人有著莫名能讓人信賴的感覺。」

當然，也是有人就這兩類人來看都是不可信的。

有心理韌性的人的特徵，可說第一就是擅長表達非言語式的訊息，第二則是重視「心靈」。

而且有心理韌性的人能毫無憑據地就「相信樂觀主義」。

成為這類人之後才能創造出在悲慘現實世界中存活下來的神話。

罹患憂鬱症的人是無來由的悲觀主義。

無來由的悲觀主義與無來由的樂觀主義差別是很具關鍵性的。

若有理有據，任一方都能進行理性的討論。

可是雙方都是無來由地就相信著。

有心理韌性的人，在做某件事前會想：「一定會順利，肯定會。」
罹患憂鬱症的人則會想：「絕對行不通。」
罹患憂鬱症的人是從過去的經驗中做出模擬，因此認為：「絕對行不通。」

◆若忍耐「艱辛的狀況」，就會變得更辛苦

狡猾的人、說謊的人、軟弱的人、虛張聲勢的人、懶惰的人、心懷偏見的人、利己主義者、卑鄙的人會欺負不戰鬥的人，會榨取不戰鬥的人。
這些人會逃離有決心的人。
因此這些人自然會從前面所提到的女性周圍消失。
若她沒有決心離婚，沒有下定決心要由「自己守護」孩子，情況會變得如何呢？直到她變得殘破不堪、毀滅為止，她四周的人都會一直榨取她。在她周圍的人都是禿鷹。

她應該有感覺到，比起財產、名聲、權力，最強而有力的東西就是「決心」。為憂鬱症所苦的林肯說過：「幾乎所有人只要下定決心要讓自己幸福就能變幸福。」就是這個意思吧【註7】。

「曾經很害羞又很怕麻煩」的甘地也是因為有決心才變成了「偉大的印度國父」【註8】。

提出離婚申請的時候，說出了「如朝向光明般走去，前方是一片光輝燦爛」的她，正是有心理韌性的人。

或許她也有可能悲慘地不斷誇示著：「大家都欺負我，我要被大家殺死了。」並過完一生。

不，幾乎所有人都是這樣過完一生。

與有心理韌性的人不同，有人會「忍受虐待」。

即便被欺負了也不反擊。只會被榨取類型的人操弄，被所有人瞧不起。

被本來應該要保護自己的人給欺負，像是被律師或調停離婚的審判調解員欺負、虐待。

允許、能接受丈夫有情，那就等同於允許自己被虐待。

那是自我蔑視的心理特徵。自我蔑視也是自我異化，是沒有自我。

心理韌性就是自我蔑視的相反。

自我蔑視有四個特徵。

亦即：比較、允許旁人虐待自己、容易受傷、強迫性地追求名聲。

與此相反，有心理韌性的人會尊重自己。

對有心理韌性的人而言，即便現今眼前的現實有敵人存在，在這個現實的彼方仍能看見有友軍。

允許旁人虐待自己的原因有很多都是出在憎惡自己。

本來是憎惡著他人，卻將那分憎惡朝向自己，變成憎惡自己。

對於小時候被欺負這件事的憎惡，轉向了自己，變成憎惡自我。

當然，要說這種心靈的脆弱是否是因某些原因所導致的，又要另當別論了。

變成像這樣軟弱的人，並非所有責任都在那個人身上。

或許是從小就沒有心愛之人對自己起到什麼影響。

亦即，不論遇上多困擾的事，都沒有心愛的人陪在身旁一起應對。

身邊沒有可信賴的人。

那樣的影響是會持續終生的。

要從只有生於地獄的人才知道的辛酸中如不死鳥般重生，就要學習心理韌性。

接受自己殘酷的命運。

然後唯有正確理解自己才是活下去的道路。

◆過於想著「要被人認為自己很好」，就會罹患精神官能症

有虛榮心雖不是什麼值得高興的東西，但很遺憾的是，所有人都有虛榮心。

印度獨立之父甘地很擅長控制虛榮心。

他是印度中產階級家庭中的孩子，據說很害羞也很怕麻煩【註9】。

那樣的他之所以能變身成為偉大的國父，是因為宗教式地獻身於印度教。是

確實擁有目的到會讓人感到恐怖程度的力量。

誠如心理學者阿德勒所說的那樣，精神官能症患者搞錯了生存的目的。搞錯了使用自己生存能量的方式。

甘地把虛榮心置換成了什麼呢？那就是對自己堅定的信念【註10】。而且他就像尊敬自己一樣，對所有人的尊嚴都致上了敬意。

先從自尊開始，他將害羞又怕麻煩的能量置換成了尊敬所有人的生命。

虛榮心的相反是自尊的情感。

是尊敬自己的心。

人因為無法尊敬自己，虛榮心才會增強。

因為什麼都不做，才成為了虛榮心強的人。

之所以什麼都不做，是因為沒找到生存的目的。

即便想捨棄掉虛榮心也不可能丟掉。

比這個更重要的是去探尋能信賴的東西。

那不論是像甘地那樣信仰的印度教也好，佛教也罷，還是基督教都可以。當然，也不一定要是宗教。

去尋找自己能信賴的人。

總之去尋找某個能信賴的東西，然後確實抓住並丟掉虛榮心。

虛榮心之所以會是個問題，是因為會產生出壓力。

因為會破壞我們內在的力量。

虛榮心強的人或許會有失眠症，或是罹患憂鬱症，或許會有自律神經失調症。

總之虛榮心會讓生存變得辛苦。

誠如阿德勒及精神科醫師貝蘭・沃爾夫所說，精神官能症是虛榮心的病。

從甘地身上，我們應該要學習些什麼呢？

那就是知道在我們內在沉睡著巨大的力量。

沉睡在心中的潛在可能性在等著有所發揮的機會。

心理學者威廉・詹姆斯*（William James）主張所有人都只使用了極少部分的

---

*譯註：威廉・詹姆斯（一八四二～一九一〇年），美國哲學家、心理學家，被譽為「美國心理學之父」。

可能性。

唯有置換成具建設性的壓力以及處在某種狀態下——刻骨銘心的戀愛、宗教式熱情、戰鬥的最前線——我們才會察覺到深刻又豐富的創造性資質。

然後體內沉睡著的大量生命力才會開始活躍起來。

無心的人會蔑視自我形象、縮小選項，有著自命不凡的心態。

像這樣，我們就會浪費掉自己的可能性【註11】。

哈佛大學的艾倫・蘭格教授說：「這有可能阻礙發育。」

我們是有力量的。

可是有某種東西奪走了那分力量成長的機會。

那就是我們說過好幾次的虛榮心、是復仇心、是我執。

而其中的核心就是依賴心。

改變害羞、怕麻煩的甘地的，就是自尊的情感。

只想著要被人覺得很好的理想自我形象會破壞我們極大的可能性。

◆為了自己，就要捨去「自己的憎恨」嗎？

在前一節中，我們討論過了決心有多重要。

可是人卻總是難以下定決心。

首先會耍帥。

例如若是向來做離婚諮商的人說：「離婚吧。」對方就會開始說些無法離婚的原因，像是：「因為有孩子，無法承受在經濟上的困境。」

一開始就沒有要解決問題的意思。

沒有心理韌性的人，只會用商量煩惱的形式來拉攏他人，想要靠商量的形式來保持關係。

對他們而言，吐出積累的不滿才是目的，解決不是目的。

周圍的人一開始也會陪著商量，但漸漸地會覺得厭煩而逃跑。

自己處在困難中時，有人能理解到，這樣的困難不是因為誰的關係，只跟自己有關係。

面對這樣的人，就會有人陪著他一起商量。

因為他們不是自我中心的人，所以也會出現想要幫助他們的人。

處在煩惱中的人經常會責備周遭的人：「都沒有人來幫助我。」從周圍的人起，普遍譴責其他人。

可是卻沒察覺到自己像那樣去逼迫周遭的人。

也就是說，處在煩惱中的人，無法理解到自己正做出讓對方感到討厭的事。

有人無法與人在心靈上有交流。那就是「喪失羈絆症候群」的人。

這類人往往會責備說：「我周遭的所有人都很冷淡。」但實情並非如此，是自己如此在逼迫著對方。

周圍的人並非冷淡，而是那些人過於自我中心、過於利己主義，才讓周遭的人慘叫著逃離。

重要的是有沒有決心靠自己本身的力量來開拓自己嚴酷的命運。

有這分決心的人身邊就會出現會幫助他的人。

有心理韌性的人雖有恐懼的事物，但儘管恐懼，也確信能克服一切【註12】。

有心理韌性的人，確信能掌控自己的環境，不會絕望。

而且有心理韌性的人相信有愛。

因為有這分確信，所以能跑著穿過地獄。

愛的相反是憎恨。

與其說壓抑的結果是情感的鈍化，其實壓抑的結果是憎恨。

憎恨情感的壓抑愈是深刻，憎恨就愈是猛烈。

而這分束手無策的憎恨也會再度被壓抑。

同時，面對不得不壓抑時的人的猛烈憎恨，也會因為之後持續的壓抑，而不分對象地持續增大憎恨。

他們已經不是針對特定的人有憎恨，連對於生存這件事也會有憎恨。

這就是「要是沒出生就好了」這句話所表現出的情感。

對此，有心理韌性的人，就連對會暴力相向的過分雙親都有「謝謝你們生下我」的感情。

壓抑憎恨情感的結果是，只要沒有自覺到有更大的憎恨，我們就無法獲得救贖。

最後，對所有人都會有憎恨。

誠如精神科醫師弗里達・佛洛姆-萊契曼所說，沒被愛過的人會無差別地對所有人渴求愛。承受深刻壓抑的人，會無差別地對所有人感到憎恨。

說著「想殺光所有女人」的男性，會無差別地對所有女性求愛，無差別地憎恨所有女性。

妨礙著相信愛的力量、相信能主動開拓命運的力量的，正是憎惡的情感。

亦即，妨礙從地獄走向天堂的，是憎惡的情感。

該怎麼做才能消除憎惡的情感呢？那似乎沒那麼簡單。許多人在嘗試這件事時都失敗了。

但是，離開地獄的出口只有這一個。

要消除憎惡的情感，就要理解自己。要自覺到，自己不要被憎惡的情感牽著鼻子走。

其次是要理解讓自己痛苦的人，也就是自己所憎惡的對象。

那個人為什麼總是要欺負自己到那種地步呢？只能去理解其中的原因。

不論是對在情感還是肉體上備受折磨的人說：「要理解其中的原因。」，幾乎所有人都會認為：「你根本什麼都不懂。」

肉體上的虐待很容易被發現，或許也有人能理解是會有肉體上虐待這種事的，但情感上的虐待很難被發現，幾乎沒有人能對此表示可以理解。

英文中有一種表現是：「貓會把老鼠折磨死。」

那種說法就是：「和他玩貓抓老鼠。」（play cat-and-mouse with him）

這就是虐待狂。

說起如「貓折磨死老鼠」般折磨孩子心靈，或許有人會說，也是會有做出這種過分事情的雙親。

就是有雙親會做出這種事，一邊逗弄纖細的孩子，一邊澈底欺負孩子。

陷入「道德騷擾」的大人，完全就是會做這種事的人。

殘虐的雙親會緊抱溫柔的孩子不鬆手。

就如同貓澈底享受凌虐捕捉到的老鼠。

對於被冷酷雙親猶如「貓折磨老鼠」般淩虐的孩子來說，若說到要「理解」欺負自己的雙親，那個孩子應該會憤怒地覺得「你根本什麼都不懂」。真正的欺凌是帶著「以美德為名的虐待狂」，是欺凌著孩子的、來自父母的欺凌。也就是無法抵抗的欺凌。

若說要「理解虐待狂」，會有人脫口而出：「這傢伙根本什麼都不懂！」也是理所當然。

若被人說了「要理解」，或許該人會感覺到孤獨：「根本沒人知道被失去理智的父母所欺凌究竟是怎麼一回事。」

或許會叫苦地說：「公司裡的霸凌什麼的根本算不上個事。職權騷擾根本算不上什麼霸凌。職權騷擾連笑話都算不上。果然都沒人了解。」

當然，在公司中不會突然就遭受欺凌。欺凌是在遭受父母欺凌時開始的。不論是怎樣的欺凌，都是抵達如今的欺凌的過程。

事情就是這樣。自懂事以來就活過了漫長備受欺凌人生的人，若說要他們「理解欺負自己的人」，他們只會覺得：「你什麼都都不懂。」

可是儘管如此，逃出地獄的出口就只有「消除憎惡的情感」。對懷有憎惡情感的人來說，沒有逃出地獄的出口。

就如同有心理韌性的人「相信著」那樣，只能下定決心要消除憎惡的情感。

註釋

【註1】"I guess the biggest things is the determination that I have." Gina O'Connell Higgins, *Resilient Adults Overcoming a Cruel Past*, Jossey-Bass Publishers San Francisco, 1994, p43.

【註2】同前，p43。

【註3】同前，p48。

【誌4】"Both Dan and Shibvon certainly believe that the truth shall set you free." "There is a better place to be."同前，p49。

【註5】"Resilience requires a strong capacity to form and then nurture a vision of interpersonal is more world which satisfying than the one from which they emerged.This might considered a profound form of faith, and it is imaginatively sustained through elaborate system of myths, symbols, and ideals which can vive highly discrepant experiences in the actual world." YCHOLOGICA RESILIENCE AND THE CAPACITY FOR INTIMACY:HOW THE WOUNDED MIGHT "LOVE WELL." A Thesis Presented by Regina O'Connell Higgins to The Faculty of the Graduate School of Education in Partial Fulfillment of the Requirement for the degree of Doctor of Education in the Subject of Counseling and Consulting Psychology Harvard University, June, 1985, p28.

【註6】"This last quality might be considered a profound forr of faith. It is imaginatively sustained through an elaborate system of myths, symbols, and ideals that 1 survive highly discrepant experiences in the actual world. They have certainly needed it" Gina O'Connel Higgins,

Resilient Adults Overcoming a cruel Past, Jossey-Bass Publishers, San Francisco, 1994, p20.

【註7】Alan Loy McGinnis, The Power of Optimism, Harper & Row Publishers 1990, p57.

【註8】John McCain, *Character is destiny*, Random House, 2005, p10.

【註9】同前，p10.

【註10】同前，p12.

【註11】Ellen J. Langer, *Mindfulness*, Da Capo Press, 1989 加藤諦三譯『心の「とらわれ」にサヨナラする心理学』（告別心靈「束縛」的心理學）ＰＨＰ研究所，二〇〇九年，九十七頁。

【註12】"By contrast, the resilient acquire a fundarental faith that, despite their fears they will encounter a full hold" Gina O'Connell Higgins, *Resilient Adults Overcoming a Cruel Past*, Jossey-Bass Publisher San Francisoo, 1994, P89.

終章

在新冠肺炎時代活下來的支柱——心理韌性

「傲慢母親的孩子沒有被滿足對愛的需求。其結果就是發展出強迫式且必要性地對所有人渴求愛。而那樣的傾向即便歷經他一輩子都不會改變，隨著他心理上的不安定，他會過度地依賴他人。」【註1】

精神科醫師弗里達・佛洛姆-萊契曼在說明「渴求所有人的愛」這件事時，使用了「everybody」這個詞。也就是那類人對誰都會渴求愛。而且「渴求愛」這件事不僅是必要性的，在那之前，他還寫了強迫的（compulsive）。

不被愛而成長的人，會無差別地對人渴求愛，而且一輩子都會對人過度依賴。不被母親愛的人到死都無法自立。

萊契曼更說到：

「透過精神分析，個人的整體式成長會因他孩童時期在意識上、無意識上的情感經驗，而有決定性的影響。」

童年時期的經驗是很關鍵的。

像這樣，自佛洛伊德以來的精神分析論與所謂的心理韌性就是不能兩全的。困難中既有肉體上的困難，也有萊契曼所說情感上的困難。

情感上困難與肉體上困難哪一種比較痛苦呢？精神分析論與心理韌性那一個是正確的呢？像這些都是無益的討論。

這本書所寫到的心理韌性思考法，頂多就是此後，我們要在這充斥多方困難的「新冠時代」中應該做為參考的依據關於這個心理韌性所主張的，我並不認為在學問上來說都是正確的。

從幼童時期的悲劇起，心就被撕碎、氣息也逐漸微弱而活著的人，在讀了心理韌性的解說後，或許會想撕碎這本書。

或許會想大叫：「你想更撕裂我的心嗎？你這個殺人犯！」

又或者有人是連想撕裂這本書的能量都沒有，心情沉重到如要溺死在憂鬱的沼澤中。

或許會感受到如跌落地獄深淵般的悲慘：「都沒人能理解我壓抑了幾十年憎恨而活的孤獨感。」

或許也有人會覺得，滿口心理韌性的人們是沒有經歷過真正痛苦的怪物。又或者是覺得在這種人類從未經歷過的混亂中，心理韌性不可能有用。

應該會覺得：「這個人絕對不會知道我束手無策的悔恨、空虛以及強烈的憎恨。『決心』什麼的，就真正意義上來說，是沒有經歷過殘酷人生的人的傻話。」

隱藏起來的敵意、持續為來自隱藏憎恨的噁心、頭痛所苦，應該也有人對心理韌性的想法有著不太確定的嫌惡感。

所謂人生的困難，並非來自外部的困難，而是出在自己內在的困難。

所謂情緒困難（Emotional difficulties）是萊契曼的用語【註2】。

也就是說，情緒困難是人際關係上的困難。

有自覺到什麼程度呢？能應對人際關係到什麼程度呢？那就是該人心理上的健康【註3】。

如今我們正在一個分水嶺上，是要在艱辛時代辛苦活下去？還是要堅強地活下去？

誠如至今所寫的，希望大家不論處在什麼狀況中，都保有祈求希望的態度，即便跌倒了也要站起來活下去。

在這充斥著混亂的社會，若斷定只會變得比此前更辛苦，說不定就真的會變成那樣。

可是，配合著這樣的大變化，對於活著這件事，若能改變意識，社會就不一定會變得比之前更難生存。

尤其關於於占據我們煩惱絕大部分的人際關係，只要把它想成是改變自己生活態度的絕佳機會，在社會的變化中，不也能看見希望之光嗎？

你是不是在面對其實並不想做的事情時說了：「好的，我會去做。」

是不是被討厭的人邀約了，卻還說出：「好的，我會去。」

為什麼沒說NO呢？

因為沒說出口，你的人生變得如何了呢？

這是重新給自己一個機會：「問問自己，將來想過著怎麼樣的人生呢？」

我是這麼想著而寫了這本書。

還有一點，為了不罹患憂鬱症以及精神官能症，我說過要培養心理韌性。

就像弗里達・佛洛姆－萊契曼所說：

「總而言之，憂鬱症患者就是陷入了情緒上的困難。」

憂鬱症患者是在渴求著愛。

可是他們自小就被同伴排擠。

即便在家族中，也受到來自嫉妒的欺凌。

感覺自己總是孤孤單單的。

有些人在看著大家開心笑著時，自己心理卻變得陰暗，只要無法理解這些人的不同之處，就無法理解憂鬱症患者。

更甚的是無法理解人心。

這麼一來，所謂的心理韌性，也只能說是對於人心的表面上膚淺理解。

有人的生存本身就是吃不消的重擔。

有人對生存本身就感到生氣。

有的人是看到別人活力滿滿的樣子時就會感到憂鬱，有些人則會感到煩躁。

對這些人來說，在自己的年幼時期有著重要的人。

能不能從這些人的心理束縛中脫逃是攸關生死的問題。

議論著弗里達・佛洛姆-萊契曼是正確的，或是討論著希金斯才是正確的人，並不是祈願著「想打從心底變得幸福」的人。

真正重要的是自己本身要變幸福。

而且若有人幼童時期就體驗過地獄，也就有人是長大成人後才體驗到。

萊契曼說，不被傲慢母親所愛的孩子，會無差別地向人渴求愛。

「傲慢母親的孩子沒有被滿足對愛的需求。其結果就是發展出強迫式且必要性地對所有人渴求愛。而那樣的傾向即便歷經他一輩子都不會改變，隨著他心理

上的不安定，他會過度地依賴他人。」【註4】

萊契曼表示，沒有被母親所愛的孩子會對所有人都渴求愛。他們不會去觀察其他人。

只要受到吹捧或讚譽，不論是貓是虎都無所謂。

與是誠實的女性還是不誠實的女性無關，只要奉承自己就會喜歡對方。

不論是多過分的女性都喜歡。

沒被愛的孩子即便想不渴求愛，也無法在不渴求愛中活下去。而這樣的情況會持續到死。

這是不被母親所愛的孩子的決定性弱點。

這類孩子身處在這有狡猾的人所在的「世界中」，無法認真生活。

會被大家所玩弄。

不被母親所愛的孩子，會努力想被母親所愛。

然後偽成長，在社會上取得成功。

即便在社會上取得了成功，內心還是幼兒。然後就被惡質的女性給欺騙了。

與其說是被騙，更是被隨意擺佈。

對惡質的女性來說，這類偽成長的男性隨隨便便就會喜歡上人，完全不費吹灰之力，可以自由操控。

而一旦這名男性落入自己的手中，就會從房間外鎖上門，讓他們出不去。

然後這名女性就會突然改變。

因此，該名男性的人生悲劇就開始了。

不被母親所愛的男性會被狡猾的女性給欺騙。

這幾乎就是自然法則。

知道自己被騙時，若是憎恨起騙人的人，接下來又會被另一名女性所騙。只要自己不去思考：「為什麼會被那個女人騙呢？」悲劇就會持續到死。

認同於「因為自己有這樣的脆弱，才會被騙的啊」時，通往未來的道路就會展開。

這樣說來，能看得更清楚的不應該是現在嗎？

但人生的悲劇是從幼童時期的虐待開始、從結婚生活起到高齡階段，一直都會發生。

比起討論是心理韌性的說法正確還是精神分析論正確，重要的是用坦率的心情去學習心理韌性以及精神分析論，思考在自己被賦予的命運中，要怎樣才能獲得幸福。

當然，主張心理韌性的希金斯也十分了解精神分析論的觀念。

希金斯也知道，許多的心理學者都說過，為了讓孩子在心理上健康的成長，無條件的愛是必要的。

此外，據說希金斯也想要去調查有心理韌性的人的愛人能力，因此才說：「我們無法期待，在充滿著憎恨的過往中，能擁有心理韌性這個能力。」

學習心理韌性會成為一種助力，也就是能激發出想從憎恨的灰燼中打造未來的能力【註5】。

如今，心理韌性尚未有標準的定義。

「比起想像小時候的經驗，更理想的是在心理上有所成長」，這樣的說法只是希金斯的假說【註6】。

心理韌性的影響範圍到底有多寬廣呢？

為什麼能讓人不會屈服於孩提時代所受到的攻擊呢？

在精神病理上高風險中成長的人，也有培養出心理韌性的【註7】。

不過，心理韌性的定義各有不同，無法說哪個正確。

提出心理韌性主張的人也知道這點。

主張心理韌性的人也知道小時候的影響會持續一輩子的精神分析論說法。

即便如此，要從唯有誕生於地獄的人才會知道的艱辛中，如不死鳥般復活，就要學習心理韌性。

為了不讓只有一次的人生失敗，總之就是要接受自己的命運。

然後只有正確理解才是能活下去的道路。

碰到困難時要修正軌道而活。不論處在哪一種時代，都是一樣的。

註釋

【註1】Psychocnalysis and Psychotheraby, selected Papers of Frieda Fromm-Reichman, Edeted by Dexter M. Bullard, The University of Chicago Press, 1959, p292.

【註2】Frieda Fromm-Reichmann, *The Principles of Intensive Psychothe raby*, The University of Chicago Press, 1950, p14.

【註3】同前，p14。

【註4】*Psychoanalysis and Psychotherapy*, selected Papers of Frieda Fro-mm-Reichman, Edeted by Dexter M. Bullard, The University of Chicago Press, 1959, p292.

【註5】Gina O'Connell Higgins, *Resilient Adults-Overcoming a Cruel Past*, Jossey-Bass Publishers San Francisco, 1994, p3.

【註6】同前，p17。

【註7】同前，p18。

Note

國家圖書館出版品預行編目（CIP）資料

誰的人生沒有挫折：即便陷於不幸,也能再度獲得幸福／加藤諦三作；楊鈺儀譯. -- 初版. -- 新北市：世茂出版有限公司, 2023.02
面；　公分. --（心靈叢書；11）
ISBN 978-626-7172-15-5（平裝）

1.CST: 人生哲學　2.CST: 生活指導

191.9　　111019701

心靈叢書 11

誰的人生沒有挫折：即便陷於不幸，也能再度獲得幸福

作　　者／加藤諦三
譯　　者／楊鈺儀
總　　編／簡玉芬
責任編輯／陳怡君
封面設計／林芷伊
出 版 者／世茂出版有限公司
地　　址／（231）新北市新店區民生路 19 號 5 樓
電　　話／（02）2218-3277
傳　　真／（02）2218-3239（訂書專線）單次郵購總金額未滿500元（含），請加80元掛號費
劃撥帳號／ 19911841
戶　　名／世茂出版有限公司
世茂網站／ www.coolbooks.com.tw
排版製版／辰皓國際出版製作有限公司
印　　刷／傳興彩色印刷有限公司
初版一刷／ 2023 年 2 月

I S B N ／ 978-626-7172-15-5
E I S B N ／ 9786267172254(PDF) / 9786267172261(EPUB)
定　　價／ 350 元